儒家文化之当代解读系列丛书

向世陵／总主编

形神之间 范缜与神灭论

李勇强／著

西南交通大学出版社
成都

图书在版编目（CIP）数据

形神之间：范缜与神灭论 / 李勇强著. —成都：西南交通大学出版社，2018.10
（儒家文化之当代解读系列丛书 / 向世陵总主编）
ISBN 978-7-5643-6200-3

Ⅰ. ①形… Ⅱ. ①李… Ⅲ. ①范缜（约450—约510）-生平事迹②神灭论-研究 Ⅳ. ①B235.85

中国版本图书馆CIP数据核字（2018）第115797号

儒家文化之当代解读系列丛书 / 向世陵总主编

形神之间：范缜与神灭论
Xing Shen Zhijian：Fanzhen yu Shenmielun

李勇强　著

出版人	阳　晓
责任编辑	武雅丽
封面设计	原创动力
出版发行	西南交通大学出版社
	（四川省成都市二环路北一段111号
	西南交通大学创新大厦21楼）
发行部电话	028-87600564　028-87600533
邮政编码	610031
网址	http://www.xnjdcbs.com
印刷	四川煤田地质制图印刷厂
成品尺寸	130 mm×185 mm
印张	4.5
字数	75千
版次	2018年10月第1版
印次	2018年10月第1次
书号	ISBN 978-7-5643-6200-3
定价	23.00元

图书如有印装质量问题　本社负责退换
版权所有　盗版必究　举报电话：028-87600562

总序

向世陵

中国优秀传统文化在今天是一个频度颇高的热词,然其"热"之内涵,不论作何概括,总不离作为传统文化主体的儒家文化。

儒家的文化系统,进入我们眼帘的,首先是世俗文化,但在同时,儒家文化也有自己超越性的一面,以满足人们的精神需要和理性的价值追求。从学术的发展说,自传统儒学到宋明新儒学——理学的兴起,重点就是解决传统儒学只注重于世俗层面而缺乏超越性的精神品位的问题。放入哲学的框架,这被归结为形而上的问题。但中国儒家所追求的形而上并不如同西方哲学那样,其形而上是在形而下的现象世界之后或之外,它存在于现象世界之中并与其融为一体而不可分离。同时,儒家文化及其哲学的特点,是坚信超越性的本体与世俗的现象世界都是真实无妄的存在,并与我们的生命一起年年月月日日被证实。

就此而言，它也不同于由外入内而成为中国文化组成部分的佛教，后者是以真性与假象和合的真假合一观去看待世界。道理并不奇怪，因为追根溯源，佛教也是来源于"西方"的信仰和思想。

儒家批判佛老，反对佛老的虚空本性观，阐明天地人生无处不是实气、实理的存在。作为儒家本体论哲学渊源的子贡所言"性与天道不可得而闻也"，正是披露了儒家理论相对于佛教思想之优长，即"不得闻"正是说明了儒家反对空谈心性，而主张从气化的真实世界、从人伦日用的社会现实中去体悟天理，强调的是心境、心迹的统一。儒家文化打造的形而上的精神世界，只能存在于形而下的生活世界之中。放眼今天的社会，"独尊儒术"的时代虽然早已离我们远去，但围绕在我们周围的乡土人情、风俗习惯、家庭生活、节庆礼俗、教化信仰等方方面面，都无不浸染和诉说着儒家文化传统的深刻影响。其中所贯穿的，是作为人类生活总的导向的真善美的价值，又尤其是对真善的追求。

但社会的发展总有不尽如人意的方面，今天的中国，亦不乏不完美甚至丑恶的现象存在，一些人将原因归咎于缺乏信仰，又往往是特指缺乏超越性的宗教信仰。如此的诊断，并不符合中国社会的实情和民族的心理定位，也无助于认识在儒家文化浸染下中国人生活的多层面向。一般地说，有信仰好还是无信仰好不能一概而论，儒家文化在其创立者那里便是不信神力的，"子不语怪力乱神"（《论语·述而》）也。当然，儒家重视天，祭天在历朝历代都是国家的大事。然而，这种对天的心存敬畏，实质上是对外在于我的客观必然的尊重,但这并不意味拜倒在天的奴役之下。"神道设教"虽然也有市场,但这正好说明"神"并非超越性的权威,而是如同墨子"天志"那样是效力于人的工具,是为思想家或统治者的政策服务的。南北朝时期反佛的重要代表范缜,站在儒家的立场并吸收道家的方法,对佛教信仰者坚持的形神相分、形灭神存等观点进行了系统的批判,主张形神相即(不离)、形质神用。但在同时,范缜承认"神道设教"的必要,以为"所以从孝子之心,而厉渝薄之意"(《神灭论》)。有意思的是,反而是佛教信仰者不认同神道设教,而坚持鬼神的真实。在儒家学者对待神灵的态度中,唐代柳宗元有非常经典的表述,那就是"力足者取乎人,力不足者取乎神,所谓足,足乎道之谓也"(《非国语上·神降于莘》),神不过是人们在人生境遇不顺时的心理安慰罢了。柳宗元作为中唐儒学复兴运动的一名代表,明确提出了"文者以明道"(《答韦中立论师道书》)的重要思想主张,这与当年子贡言"性与天道不可得而闻也"正好相互发明,并成为后来周敦颐"文所以载道也"(《通书·文辞》)的经典语句的先行。可以说,在他们心中,儒家对天的信仰其实就是对道的尊崇。

因而,形式上是敬天祭神,实质上却是讲道说理,这在宋明理学家中有非常深入的阐发,譬如朱熹自己就认为理学是讲道理之学。天、道、理等固然属于超越性的概念,但又都不能离开内在性而独存。早年周公的敬天就已经向敬德转化,德性的价值被突出出来。天之道成为人之德,"天生德于予"(《论语·述而》)也。人与天相合,正是与天地合其德。"德"虽内在，不"明"却不能得，"明"此明德根依于人对它的体验和认识。天人合一的图景依赖于天人有分的前提，"主宾之辨"同样是中国哲学的精神。人不是被动地"任天"而是主动地"相天"，天人的相合是以人积极主动的创造性活动为归宿的。

天人之间的相合在儒家又被披上了礼乐文明的特色。所谓"乐者敦和，率神而从天；礼者别宜，居鬼而从地。故圣人作乐以应天，制礼以配地。礼乐明备，天地官矣"（《礼记·乐记》），就是说，乐者敦睦和谐，调和其气，循（圣人）魂气而从天；礼者别物异处，裁制形体，循（贤人）魄体而从地，从此出发，乐感天地和礼制社会都属于必须，礼乐都显明完备，合力互动，天地人事就能各得其利了。就人事自身而论，在礼乐适宜地规范和熏陶下，人能够静心向善而不会随波逐流，从而有助于公序良俗的形成，并最终引向理想社会的愿景。在古人心中，圣人制礼作乐的目的，是为调节民之好恶，在乡俗民情、家庭邻里、婚丧节庆等日常行为活动中引导他们归向人道之正途。礼乐皆得其所，便是"有德"。德既是礼乐文明的集中表现，"所以名为德者，得礼乐之称也"（《礼记正义·乐记》），也是儒家培养健全人格的基本内核。

从经典资源的层面说，被视为中国文化生命之源的《周易》，在其开天辟地的乾坤卦之后，进入视野的是屯卦和蒙卦，"屯"就是一棵刚出土的幼苗，"蒙"则表明了它非常稚嫩，对处于蒙昧状态的学子来说，蒙卦《象辞》有针对性地提出了"蒙以养正，圣功也"的告诫。北宋两位著名的理学家程颐和张载，于此不约而同地做出了自己的选择：

程颐选择了"蒙以养",的确,从蒙昧的孩童到进入成年,人都是在被养之中,这包括父母的抚养、师长的教养和社会国家的培养,由此而将幼苗——一代代的孩童养育成才。但人不能总是在被养之中,成才最终需要的是自我实现。自我实现不可能在真空中进行,人总是生活在善恶百行交杂和利益追逐的环境之中。人之初,未必性本善,很可能还是善恶混,故人心难免会产生不善的念头,相应地也就有了矫正和克服它的需要,以及为师者一方的传道、授业、解惑的职责。故与程颐不同,张载选择的是"蒙以正",强调纠正、端正、矫正人的不善的观念以变化气质,从而保证这些成长中的树木能够正直而不扭曲。但不论是"蒙以养""蒙以正"还是"养"与"正"的合一,目的都是为培养圣贤,在今天就是指善的健全的人格,德行在这里具有当然的优先性。所以,蒙卦《象辞》释"蒙"之"象"是"君子以果行育德"——君子要以果决刚毅的行为去培养自己的德行。当然这不可能一蹴而就,而是一个从天道生生继续而来的自强不息的过程。

自强不息的道路,可能顺利,但更可能曲折。事实上,从人类告别猿类而开始自己的历史那天起,我们就是在与不同的困难做斗争中走过来的。但不论所遇是何种情况,张载都给我们提供了有益的教诲和恰当的对策:"富贵福泽,将厚吾之生也;贫贱忧戚,庸玉女于成也。"(《西铭》)一句话,不论眼前发生的可能是什么,我们都应该以一种坦然和开放的心态去迎接。

西南交通大学出版社目前推出的这套"儒家文化之当代解读系列丛书",与先前出版的同类型著作的区别,就在于它既植根于弘扬优秀传统文化的沃野，又能够直面当代儒家文化复兴所涉及的若干有兴趣的话题，并呈现为一个源源不断的序列，这本身就是儒家文化生生不息精神的生动再现。丛书的作者都是这些年人民大学毕业的学生，他们能够结合自己的人生和社会实践去推进自己的学术事业，其所撰写的文字，融进了他们在民俗风情和家庭社会生活等方面体贴儒家文化的经验积累，既不乏历史的底蕴和精彩的思想辨析，又显得十分生动有趣，能够贴近当代青年学生的阅读兴趣和习惯。虽然其中也有若干不足之处，但作品的的确确是在对儒家文化进行着符合时代需要的当代解读，应该会带来良好的社会效益和思想效益。

本丛书的出版，要感谢热心的西南交通大学出版社的编辑和为这套书努力奔走的杨名博士。看到学生的成长及其作品问世，为师者倍感欣慰。敷陈数语，写在"儒家文化之当代解读系列丛书"出版之际，聊以代序。

中国人民大学国学院

2018年6月28日

引言

范缜，字子真，南阳舞阴人，是南朝齐梁时代最著名的思想家之一。顺阳范氏家族有天师道信仰的传统，在儒家经学方面贡献颇大，而范缜继承了家学传统，对儒家经学、礼学钻研深入，并以孝母闻名于世，亲身厉行儒家的道德实践。齐梁时代是南朝佛教最为兴盛的时期，面对佛教对儒家文化的冲击，范缜以一篇《神灭论》，在齐梁两朝，先后掀起了灵魂存灭的思想论争。

范缜试图以形神相即、形质神用、人死神灭的思想，对佛教的三世轮回、因果报应的学说来个釜底抽薪。范缜的神灭论，在当时无疑是惊世骇俗的，那么，先后面对以南齐宰辅竟陵王萧子良、梁代"菩萨皇帝"萧衍为首，并纠集朝廷政要、佛门高僧群起而攻之的强势论敌，范缜能否以单打独斗的角色，赢得这场论争？

目录

第一章　家世生平

一、衣冠绪余……………………………………… 3

二、孤贫孝谨……………………………………… 10

三、经学传家……………………………………… 14

四、博通经术……………………………………… 15

五、著名邻国……………………………………… 18

六、墨经迎梁……………………………………… 21

七、危言高论……………………………………… 25

八、远徙广州……………………………………… 25

九、弘奖后进……………………………………… 30

十、不信神鬼……………………………………… 35

第二章　形神关系溯源

一、庄子的薪尽火传……………………… 38

二、桓谭的烛火之喻……………………… 39

三、慧远的薪火之喻……………………… 41

四、郑鲜之的火理之说…………………… 42

五、白黑之争，重燃薪火之论…………… 43

第三章　范缜的神灭论思想

一、形神相即……………………………… 50

二、形质神用……………………………… 51

三、人之质，质有知……………………… 53

四、生形非死形…………………………… 54

五、是非之虑，心器所主………………… 55

六、凡圣不同体、凡圣不同器…………… 57

七、宗庙祭祀，圣人设教………………… 59

第四章　第一次神灭之争

一、屈竟陵王……………………………… 64

二、激沈约………………………………… 69

三、讥王琰………………………………… 74

四、拒王融·················· 75

第五章　第二次神灭之争

一、梁武帝敕答《神灭论》········· 81
二、群臣唱和梁武帝············ 86
三、范缜论战曹思文············ 93
四、萧琛力驳范缜说··········· 102

第六章　结语

一、形神问题的新视角·········· 117
二、正说范缜神灭论··········· 118
三、反思范缜神灭论··········· 124

后记················ 130

第一章 家世生平

范缜像

佛教自汉朝传入中国，在中国思想界不断激起波澜。佛教与道教、儒家在冲突中走向融合，在三教融合的历史进程中，涌现出不少思想家。在南朝，范缜针对佛教灵魂不灭思想而写的《神灭论》，先后在南齐和梁代引发了两次神灭之争，朝廷上下为之震动。

范缜，为什么会以斗士的姿态，不惧王公贵族甚至位高权重的当朝皇帝，与佛教信奉者展开坚持不懈的论战呢？我们不妨先从他的家学渊源中寻找答案。

一、衣冠绪余

据胡适考证，范缜生年约在南朝宋文帝元嘉二十七年（450年），潘富恩、马涛《范缜评传》推论范缜约生于元嘉二十二年（445年）。关于范缜卒年，学术界一说在梁天监九年（510年），一说为天监十四年（515年）。可见，范缜一生跨越南朝宋、齐、梁三代。

（一）江北先世

正史明载的范缜先世，可上溯到八世祖范晷。范晷先后担任过冯翊太守、凉州刺史、雍州刺史等官，政绩颇著，深得人心。

范晷生有三子：范广、范稚、范坚。《晋书》记载了范广的一则故事，说他在晋元帝时担任堂邑令，县丞刘荣犯了死罪，郡上核罪后交由县府来处理。范广允许刘荣在行刑之前先回家看望一下老母亲，刘荣见完母亲后果然如期而返。恰好又碰上县衙被野火波及，危机之际，刘荣挣脱套在身上的械具去参加救火，火灭后，又继续戴上械具。范广的宽容与信任，带来了诚信的回报。

不过范广只是范缜的七世从祖，范缜的七世祖是范稚。范稚少年既已知名，征辟为大将军掾，可惜英年早逝。范坚于永嘉中避乱江东，累迁尚书右丞、护军长史。坚子启，官至黄门侍郎。

（二）过江始祖

范稚的儿子范汪，《晋书》卷七十五有《范汪传》，为范缜六世祖。范汪自小失怙，六岁时被母亲带着跨越长江，南下投靠外婆家求生活。十三岁时，母亲又弃世而去。孤贫交加的范汪燃薪写字，博学多通，在玄学之风南下时，也善谈名理。

苏峻叛乱时，范汪为庾亮、温峤出谋划策，平贼有功，自此在仕途上一路攀升。范汪多年为庾亮助手，深得其赏识。先后任鹰扬将军、安远护军、武陵内史，征拜中书侍郎。骠骑将军何充辅政时，请范汪为长史。桓温镇荆州时，又以范汪为安西长史。桓温平蜀后，范汪晋爵武兴县侯。也许是意识到桓温权倾天下带来的风险，范汪拒绝了桓温的长史、江州刺史之请，决意东归建康，求为东阳太守，因此得罪了桓温。

范汪在东阳郡大兴学校，惠政于民，后被召回京师，升为中领军、本州大中正。当时简文帝司马昱作相，对范汪亲昵有加。范汪担任都督徐、兖、青、冀四州及扬州之晋陵诸军事，又任安北将军和徐、兖二州刺史等职。桓温北伐时，下令范汪率文武出梁国，因其失期，免为庶人，当是对范汪不听命于己的报复。

（三）崇儒抑俗

范汪有二子：长子康，早卒；次子宁，最知名，《晋书》有传。范宁本传称其"少笃学，多所通览"。意思是专心致学，博览群书，多才多艺。司马昱为相时，本想征辟范宁为官，因桓温的阻挠，只好作罢。桓温当道时，范康、范宁兄弟都没有出头机会。

和善谈名理的父亲不同的是，范宁对玄风南渡的浮华之风颇不以为然，认为肇始玄学的王弼、何晏二人，罪过比桀纣还重，于是写文章指斥王弼、何晏导致"仁义幽沦，儒雅蒙尘，礼坏乐崩，中原倾覆"。范宁认为王、何二人煽起玄风，使儒家礼乐文化遭遇极大冲击，甚至带来亡国之痛。

推崇儒学、贬抑玄风的范宁，在桓温死后得以担任余杭令。他兴办学校，广收生徒，一年之后，风化大行。范宁此后担任过临淮太守、中书侍郎、豫章太守等职。范宁力推教育，远近前来求学者络绎不绝。范宁大兴土木，难免违制，遭到江州刺史王凝之的弹劾，好在皇帝看在范宁的动机在于办学，仅只免其官了事。

（四）助学敦教

范宁之子名泰，《宋书》有传。范泰初为太学博士，担任谢安和司马道子二府参军，后为国子博士、黄门郎、御史中丞、东阳太守、侍中、度支尚书、太常、大司马左长史、右卫将军、散骑常侍、司空等职，可谓位高权重。刘裕获授宋公九锡，是由范泰与右仆射袁湛协助完成的，刘裕对范泰甚为赏爱。刘裕建立刘宋政权后，范泰拜金紫光禄大夫，加散骑常侍。

少帝刘义符继位后，范泰屡屡犯颜直谏。后少帝被废，进而遇害。宋文帝刘义隆即位，元嘉三年，谋划废帝的徐羡之等人伏诛，范泰进位侍中、左光禄大夫。范泰博览群书，爱好文章，奖掖后进，孜孜不倦。撰《古今善言》二十四篇及文集，传于世。范泰晚年信仰佛教，甚为精诚，还在宅西立祇洹精舍。

范泰对刘宋复兴儒学贡献不小，曾领国子祭酒。在向刘裕的上表中，范泰提出放宽对求学者的年资之限："何必限以一格，而不许其进邪！"对于助教人选，他建议"所贵在于得才，无系于定品"。（《宋书·列传第二十》）打破门第和品秩的束缚，以学识为优先考虑因素，门第二品的可领助教之职，以此恢复教育。

范泰生五子，依次名昂、暠、晏、晔、广渊。除范昂早卒外，范暠为宜都太守，范晏为侍中、光禄大夫，范晔为太子詹事，广渊为世祖孝武帝刘骏抚军谘议参军，领记室。可见范泰子辈同样显赫。可惜的是，四子范晔卷入谋反，连带五子广渊一并伏诛，范氏家族从此家道中落。

（五）终破门户

范晔，字蔚宗，母亲如厕时生下了他，因额头被砖砸伤，故小字砖。《宋书·范晔传》："晔长不满七尺，肥黑，秃眉须。善弹琵琶，能为新声。"范晔先后出任相国掾、尚书吏部郎、新蔡太守等职。范晔曾在彭城王刘义康府内做过冠军参军,后来,彭城王太妃去世,范晔和朋友到弟弟广渊的工作地连夜酣饮,打开窗户听挽歌为乐,结果刘义康大怒,将范晔出为宣城太守。郁郁不得志的范晔便写下了《后汉书》聊以自慰。后来,范晔得到始兴王刘浚的器重,得以官至左卫将军、太子詹事。

在刘义康与刘义隆的权力之争中,范晔在孔熙先和外甥谢综的撺掇下,以刘义康当年对自己的厚遇战胜了宣城之贬的怨艾,从而卷入了一场断送家族命运的谋反。结果事败被捕,范晔及子蔼、遥、叔蒌一并伏诛,兄亲逃亡者远徙广州,范蔼之子鲁连侥幸保全性命,也被迫南迁。

范晔少年时,兄长范晏经常教诫他:"你贪图私利,总有一天会败坏家门。"没想到范晏一语成谶。范晔谋反,使范氏家族遭遇沉重打击,从此一蹶不振。

(六)范氏世系

范缜六世祖范汪——范宁——范泰——昂、暠、晏、晔、广渊这一支脉,应该不是范缜嫡祖一脉。因为《梁书·范缜传》说他的祖父名璩之,应该与范晔同辈,而范晔兄弟中并无名"璩之"者。而范汪生有范康和范宁二子,为此,我们只好将范缜的五世祖推定为范康。范康早卒，但并不意味着必定无后，因为当时男子结婚生育较早。不过，正史并未载明范康的后嗣情况。但一条新的线索值得注意，《宋书·范晔传》说他"出继从伯弘之"，也就是说，范晔有个从伯叫范弘之！即：范晔的父亲范泰有一个堂兄叫范弘之。范泰的父亲是范宁，伯父是范康，范康如果有儿子，一般情况而言应该比范泰年长，假如范弘之是范康的儿子，自然范泰的儿子范晔要叫他从伯了！《晋书》中范弘之有传，说他"袭爵武兴侯"。武兴侯是范汪的爵号，嫡孙袭爵的可能性最大，可进一步证实范弘之是范康之子。

我们再进一步假定，范弘之除了有继子范晔，还有一个亲子叫范璩之，范璩之受到范晔事件的牵连，只做到了中书郎的职位。范璩之之子范抗（范云之父），仅为郢府参军；范濛，仅为奉朝请。

我们不妨小结一下范汪到范缜的六代世系：范汪—范康—范弘之—范璩之—范濛—范缜。

任昉在奏治范缜的上书中说范缜为"衣冠绪余"（《梁书·王亮传》），说的还真是实情。

二、孤贫孝谨

范缜的祖父范璩之只是一个郎官,父亲范濛担任的奉朝请之职,也为虚职,和先祖的华门高位已不可同日而语。更遗憾的是,范濛似乎继承了范缜五世祖范康和七世祖范稚的命运:早卒。这一切,又使得范缜接下了六世祖范汪的命运:少孤贫。

不过,家贫出孝子,《梁书》和《南史》都说范缜"事母孝谨",服侍母亲一片孝心,恭恭谨谨。孝悌是儒家修身的重要课目,孔子说:"弟子入则孝,出则弟。"(《论语·学而》)孔子的学生有若如此理解孝悌的地位:"孝弟也者,其为仁之本与!"(《论语·学而》)荀子论礼:"能以事亲谓之孝,能以事兄谓之弟。"(《荀子·王制》)曾子以明孝著称,在《礼记·祭义》中,曾子如此理解:"孝有三,大孝尊亲,其次弗辱,其下能养。"

在汉代,孝悌者会得到朝廷褒奖,汉惠帝时,孝悌者可免税、免徭役。吕后时,一位孝悌特出者可以得到二千石官员的待遇。汉文帝的一份诏书中奖励"悌者、力田二匹"(《汉书·文帝纪》),孝悌者不仅可得到物质奖励,还可能与力田、三老同为掌教化的乡官,成为定员。此外，举孝廉成为选拔官吏的重要途径之一，汉武帝于元光元年"初令郡国举孝廉各一人"（《汉书·武帝纪》），自此举孝廉成为历久不绝的重要选官制度。

魏晋南朝时期，战乱频仍，政权更迭如走马灯，如曹氏代汉，司马氏代曹，刘裕代晋，萧齐代宋，权臣僭主的现象屡见不鲜，儒家的忠君思想遭遇前所未有的挑战。随着衣冠南渡，"王与马共天下"，王氏、殷氏、庾氏、桓氏、谢氏等士族豪门，先后成为南朝政权的实际执掌者。士族政治进而催生了对家族实力的重视，而孝道显然是维系家族凝聚力的不二之选，于是，忠君思想让位于孝道思想，上自帝王将相，下至平民百姓，以孝著称者比比皆是。

范缜的老师刘瓛，祖母常年疮肿，刘瓛为她敷药，膏药把手指腐蚀得溃烂了也不以为意。母亲向亲戚称赞刘瓛为"今世曾子"，曾子是孔子弟子中最为以孝行知名的。刘瓛年逾四十才娶妻王氏，王氏在墙上挂鞋子，碎砖土屑落到了母亲孔氏的床上，孔氏不高兴，刘瓛便把妻子休了。母亲去世后，刘瓛一直住在墓庐不愿离开，弄得腿都弯曲了，拄着拐杖都站起不来。刘瓛在山上守丧三年，山中的鸲鹆鸟不敢来，直到他释服回家，鸟才归山。

范缜以乃师为范。此外，范缜八世祖范晷以降，善为治政，敦儒好礼，几成家族传统，故范缜在失怙之后，以孝母而闻名，是顺理成章的事情。

小专题1

南朝重孝

一、两汉以来孝道之流行

汉代以来，统治者提倡"以孝治天下"。《孝经》在汉武帝时期得到重视，与《论语》一道进入"七经"之列。魏晋玄学兴起，《孝经》依然得到尊重，《晋书》还载穆帝、孝武帝亲讲《孝经》。梁武帝著有《制旨孝经义》，还设《孝经》助教，以通《孝经义》。萧统自小即学《孝经》，还在寿安殿讲过《孝经》。梁代经师中多有通《孝经》者，如孔金，"通《五经》，尤明《三礼》《孝经》《论语》"。（《梁书·孔金传》）再如皇侃，"尤明《三礼》《孝经》《论语》"。（《梁书·皇侃传》）

《晋书》特增《孝友传》，南朝的《宋书》和《南齐书》设《孝义传》，《梁书》和《陈书》设《孝行传》。正史所载，"性至孝""居丧以孝闻""哀毁过礼""毁几灭性"的人物很多。

直到梁代，孝悌之风尤盛。梁武帝父亲去世，他哭的时候吐血数升。奔丧回京时,原本很壮实的他变得形销骨立,亲友都认不出了。梁武帝之子昭明太子萧统与简文帝萧纲,都以孝著称。萧统母亲生病时,他"朝夕侍疾,衣不解带"。母亲出殡,"水浆不入口,每哭辄恸绝"。腰带本有十围,瘦得减削过半。(《梁书·昭明太子传》)萧统的弟弟萧纲,生母离世时,"哀毁骨立,昼夜号泣不绝声,所坐之席,沾湿尽烂"。(《梁书·简文帝纪》)君尚如此,臣尤甚之。

重孝思想也影响到经学,礼学中便兴起了重丧礼、丧服的风气,雷次宗以治《丧服》而负盛名,时人将他与汉代经学大师郑玄并称。《丧服》是《仪礼》中的一篇,被拉出来成为一时显学。门第士族以丧服别亲疏,宗法血统的远近亲疏,则直接关系到爵位与财产的承袭,故丧礼丧服的意义在南朝得到空前的重视。

二、南朝重孝探源

南朝重孝,与忠君思想的削弱不无关系。颜之推的《颜氏家训·文章》篇中既肯定伯齐、叔夷不食周粟而饿死首阳山的忠君之节,又认同"君臣固无常分";颜之推一生在梁、西魏、北齐、北周、隋五朝为官,不能尽忠于君的现实,使他内心矛盾挣扎。钱穆《国史大纲》总结说:"南朝世族无功臣,亦无殉节者。"王鸣盛《十七史商榷》有"晋少贞臣"条目,而赵翼《陔余丛考》卷第十七则感叹:"六朝君臣无殉节者。"

魏晋以降,名教遭遇空前的危机,君君、臣臣的君臣名分,在玄学的"越名教而任自然"乃至无君论的思潮中,遭到严峻的挑战。曹氏逼刘氏禅位引发一连串权臣夺位事件,特别是在东晋门阀政治体系中,主弱臣强、权臣制主的局面,由王、谢所代表的士族门第接棒维持,固有的君臣关系被逆转。于是,在魏晋南北朝,君不得为臣纲,故忠君思想弱化;士族门第壮大,故孝悌思想强化。

从统治者的角度而言,东晋以来门阀政治体系下,忠君思想被弱化,孝悌思想便上升为主流意识形态;从士族的角度而言,孝悌思想正是维系家族和谐与凝聚力的理论基石。

三、经学传家

从范缜上溯到六世祖范汪,范氏家族有着长达六世的经学传统,可以说是经学世家。

《晋书·列传第四十五章》说范汪博学多通,"在郡大兴学校,甚有惠政"。汪子范宁,也兴学促教,崇儒抑俗,不论在县还是在郡为官,都大设庠序,课读五经。

《晋书·范宁传》称:"自中兴已来,崇学敦教,未有如宁者也。"视范宁为晋室南渡以来儒学教育第一人,可见对范宁兴学的评价之高。范宁著有《春秋谷梁氏》的集解,"其义精审,为世所重"。范汪范宁父子可以说是范氏一族提倡经学最力者。

范汪之叔范坚及其子启,也是父子通经。《晋书·列传第四十五章》称范坚"博学善属文",而范启"虽经学不及坚,而以才义显于当世"。范汪之孙范弘之,《晋书》说他"雅正好学,以儒术该明,为太学博士"。

到了南朝,范氏依旧继承家学,刘宋建立后,刘裕议建国学,以范泰领国子祭酒,此前,范泰曾为太学博士、国子博士,可想见范泰在儒学上的成就。

范泰之子范晔,《宋书·范晔传》说他"少好学,博涉经史,善为文章,能隶书"。范缜的堂弟范云,后来成为梁武帝萧衍的股肱之臣,六岁就从其姑夫袁叔明读《毛诗》。

以上,可见范缜家学渊源之深厚。

四、博通经术

范缜在成年之前,听说大儒刘瓛聚众讲学,便去拜师求学。范缜很快便以卓越不群的天资和勤学好问的态度脱颖而出，使得刘瓛对他刮目相看，甚是赏识，还亲自为他行冠礼。范缜在刘瓛门下一学就是数年。范缜衣衫朴素，上学路上，穿着草鞋，徒步往返。而他的同学，不乏车马贵游之士，而范缜对此毫不在意，一点也不以家境苦寒为耻，一门心思钻研学问。

刘瓛的居室也只有几间瓦屋，经常漏雨，学生呼为青溪。竟陵王萧子良看到这一情形，上表齐武帝为刘瓛立学馆，在生徒们一片庆贺声中，刘瓛却说："这种豪宅岂能做我的居所呢？作为学堂，我还担心消受不起呢。"果然，还没搬家，刘瓛就生病了。萧子良派遣范缜到老师家，为老师料理饮食，可见范缜与刘瓛的师生情谊。随着年龄的增长，范缜的学问也精通起来，《梁书》范晔本传说他"博通经术，尤精《三礼》"。刘瓛以通经知名，范缜的经学水准自然不在话下，尤其精通《周礼》《仪礼》和《礼记》，也就是《三礼》。

范缜的著作，《梁书》说"文集十卷"，《南史》说"文集十五卷"，《隋书·经籍志》说"《范缜集》十一卷"。《南史·列传·卷五十七》本传说范缜"年二十九，发白皤然，乃作伤暮诗、白发咏以自嗟"。可惜的是，范缜著作今多不存，清人严可均所辑《全梁文》，收有范缜《拟招隐士》《以国子博士让裴子野表》《与王仆射书》《神灭论》《答曹思文难神灭论》五篇文章。

《梁书·儒林传序》说："伏曼容、何佟之、范缜，有旧名于世。"说明在齐、梁时，范缜已经是儒林名家了。

小专题2

大儒刘瓛

刘瓛（434—489年），字子珪，沛国相人。《南齐书》本传说刘瓛"少笃学，博通五经。聚徒教授，常有数十人"。齐高帝萧道成登基后，曾召刘瓛入华林园咨以政道，刘瓛答曰："政在孝经。"刘瓛应萧道成要求为武陵王萧晔讲经，此后习经之士"从之者转众"。他还曾拜安成王抚军行参军，因公事被免。刘瓛本来不乐仕进，从此不再做官，授徒讲学为生。

《南史》刘瓛本传说他："儒业冠于当时，都下士子贵游，莫不下席受业，当世推其大儒，以比古之曹、郑。"也就是说，刘瓛在当时为儒学执牛耳者，被视为大儒，比之于汉代经学大师曹褒和郑玄。梁元帝萧绎《金楼子·兴王篇》则称"沛国刘瓛，当时马、郑"，视他为当世的马融、郑玄。

刘瓛的著作，《隋书·经籍志》著录，《周易乾坤义》一卷、《周易系辞义疏》二卷、《周易四德例》一卷、《丧服经传义疏》一卷。刘瓛还著有《毛诗序义疏》一卷、《毛诗篇次义》等。

刘瓛后学,《南齐书》和《南史》本传载实有其名的学生为刘绘、范缜和严植之。严植之精解《丧服》《孝经》《论语》,遍习郑氏《礼》《周易》《毛诗》《左氏春秋》。天监二年(503年),梁武帝下诏修吉、凶、宾、军、嘉五礼,严植之主凶礼。两年后,置五经博士,严植之也为开馆教授之一。《梁书·儒林传序》说:"为时儒者,严植之、贺瑒等首膺兹选。"可见,严植之为梁代负有盛名的经学家。

刘瓛弟子何胤,从其受《易》《礼记》与《毛诗》,齐永明十年为国子祭酒。梁武帝时曾遣人于东山受学。刘瓛的得意弟子还有司马筠,博通经术,尤明《三礼》。

五、著名邻国

范缜的仕宦生涯到齐代才获得机会,起家官为齐宁蛮主簿。宁蛮主簿的职位,主要负责管理少数民族文书簿籍、宣示教令、送呈要函、接待宾客等。随着一步步升迁,范缜升任尚书殿中郎,这一职位为尚书的属官,执掌起草文书等，级别为六至四品。

在齐武帝萧赜永明年间，南齐与孝文帝元宏统治的北魏，有和亲、通使、示好的和平外交接触。齐武帝选派的才学之士担任使者。《南史·本纪上》载，永明七年颜幼明聘于魏，永明九年八月萧琛聘于魏，九月裴昭明聘于魏，《南史·范云传》载永明十年范云出使北魏。《梁书》卷四十八范缜本传载："缜及从弟云、萧琛、琅琊颜幼明、河东裴昭明相继将命，皆著名邻国。"范缜出使北魏，也当在永明末期这几年间。

"著名邻国"的评价，说明范缜等人的外交努力在北魏上下影响较大，效果甚好。

小专题 3

南北分裂

东汉末黄巾起义，群雄崛起，魏蜀吴三国分立。公元265年，魏元帝曹奂禅位，司马炎建立晋朝。此前，司马昭于公元263年遣钟会、邓艾大举伐蜀，刘禅投降。司马氏代魏后，吴国势如累卵。公元279年，晋武帝派出的大军沿江东下，吴主孙皓备亡国之礼而降，天下恢复一统。

八王之乱后，西晋政局分崩离析。永嘉五年（311年），匈奴人刘曜攻入洛阳，晋怀帝被俘后遭杀。永嘉之变后，司马邺被拥立为帝，是为孝愍帝，君臣逃往长安。316年，刘曜兵临长安，愍帝肉袒出降，西晋灭亡。

公元318年，司马睿得知愍帝被前汉国主刘聪所杀，在江南的建康即皇帝位，建立东晋，开始了中国历史上近300年的南北分治时代。

在北方，与东晋对峙的政权被统称为十六国，包括成汉、前赵（先期称汉）、后赵、前秦、后秦、西秦、前燕、后燕、南燕、北燕、前凉、后凉、南凉、西凉、北凉、夏。时间跨度从公元304年刘渊称王至公元439年北魏统一北方地区。

公元420年，东晋恭帝司马德文下诏禅位于刘裕，刘宋建立。公元479年，宋顺帝刘准禅位于萧道成，南齐建立。公元502年，齐和帝萧宝融禅位于萧衍，南梁建立。公元557年，萧方智禅位于陈霸先，陈朝建立。公元589年，陈后主被隋军所俘，中国再次统一。

公元420至589年，宋、齐、梁、陈政权被合称南朝，与对峙的北方政权统称南北朝。

在北方，鲜卑族拓跋珪于386年建立北魏。439年，太武帝拓跋焘统一北方。公元534年，北魏孝武帝元修不愿受高欢挟制而逃亡关中，高欢另立元善见为帝，迁都邺，史称东魏。元修逃到长安，被宇文泰毒死。宇文泰立元宝炬为帝，都长安，史称西魏。公元550年，高洋代东魏称帝，国号齐，史称北齐，都邺。公元557年，宇文觉接替禅位的西魏恭帝，建立北周，都长安。公元577年，北周武帝宇文邕灭北齐。581年，杨坚代周为帝，北周亡。

范缜出使北方的永明年间，北方正处于以改革著称的北魏孝文帝元宏统治之下。

六、墨绖迎梁

萧赜死后，齐郁林王萧昭业即位，旋被萧鸾所杀。其弟海陵王萧昭文即位，也难逃厄运，为萧鸾所杀。萧鸾自己登上帝位，是为齐明帝。这一年，是公元494年。建武是萧鸾的年号，自公元494至498年。范缜于建武中迁领军长史。领军一职负责执掌禁军，范缜为其重要属官。随后，范缜出为宜都太守，郡治在今湖北省宜都市。

在任职宜都太守期间，范缜的母亲去世，作为孝子，范缜自然要去职守孝三年。范缜顺长江东下，到母亲坟茔所在的南州（治所在今安徽当涂）守庐尽孝。

此时，南齐的政治已陷入风雨飘摇的乱局之中。齐东昏侯萧宝卷于永元二年（500年）十月鸩杀萧衍长兄萧懿，次月，萧衍遂于襄阳起兵。萧衍的义军以摧枯拉朽之势攻城略地，直指建康。

永元三年九月，义军至南州。此时，在母亲墓庐中守孝的范缜，在忠孝不能两全的内心激荡中，做出了一个孝子的艰难决定。《梁书》范缜本传说"义军至，缜墨绖来迎"（墨：黑色；绖：古时丧服中系在头上和腰间的散麻绳。范缜穿着黑色的孝服前去欢迎席卷而来的萧衍大军）。

姚察在《梁书·儒林传》中评论说："范缜墨绖徼幸，不遂其志，宜哉。"认为范缜墨绖迎军是一种投机行为，最后仕途不顺，实在是理所当然。《梁书·列传·卷十六·王亮张稷王莹》记载，任昉事后在弹劾范缜的奏折中，说此事的性质是"墨缞景附，颇同先觉，实奉龙颜"。意思是范缜当时只是为了自己的利益，阿谀奉承，巴结萧衍罢了。

不过，以孝著称的范缜，主动结束为母守孝，而去投靠萧衍，萧衍自然很高兴。再说，萧衍和范缜当年都是竟陵王萧子良西邸中的常客，在文人酬唱中，彼此结下了友谊，在这非常时刻遭遇，自然相见甚悦。范缜跟着萧衍，一路打进了京师建康。萧衍对范缜的投奔给予了回应，授命他为晋安（今福州市）太守。范缜原本就是太守，萧衍只是给他换了一个地方，和官复原职差不多，看来萧衍并没有重用范缜的意思。

《梁书》本传说范缜"在郡清约，资公禄而已"。说明范缜还是一位清官。

小专题4

萧衍起事

萧衍，字叔达，小字练儿，南兰陵中都里人，汉相国萧何之后。宋孝武帝刘骏大明八年（464年），萧衍生于秣陵县同夏里三桥宅。齐高帝萧道成建元元年（479年），16岁的萧衍来到京城，为诸生。《南史》刘瓛本传载："梁武帝少时尝经服膺。"说明萧衍与范缜都有听刘瓛讲学的经历，算得上师出同门。

齐武帝萧赜永明二年（484年），萧衍入竟陵王萧子良的西邸，这一机缘使得萧衍成为西邸八友（萧衍、沈约、谢朓、王融、萧琛、范云、任昉、陆倕）之一。此后，萧衍先后担任王俭东阁祭酒、巴陵王南中郎法曹行参军、南郡王文学、随王镇西咨议参军等职。永明十年（492年），父亲萧顺之因擅杀巴东王子响忧惧而死，萧衍从江陵回京城奔丧，后被萧子良任命为帐内军主。

齐武帝萧赜病重，正在犹豫将皇位交给次子萧子良还是皇孙萧昭业。王融试图拥戴萧子良为帝，而萧鸾则击败王融，立萧昭业为帝。王融旋被杀，萧子良也抑郁而死。

萧衍在此事变中作壁上观,得到萧鸾的重用。荒淫无度的郁林王萧昭业后被萧鸾所杀,继位的海陵王萧昭文也很快被杀,大权独揽的萧鸾于494年自立为帝,是为齐明帝。

萧衍此后担任过司州刺史、太子中庶子、雍州刺史等职,在邓城与入侵的北魏军队展开过大战。永泰元年(498年),齐明帝驾崩,其遗诏中并无萧衍的任用信息。萧衍对从舅张弘策说:"政出多门,乱其阶矣。"便有兴废之意,积极筹划起事,"于是潜造器械,多伐竹木,沉于檀溪,密为舟装之备"。(《梁书·武帝纪》)

永元二年冬(500年),萧衍的兄长益州刺史萧懿罢还郢州后被齐东昏侯萧宝卷所害,萧衍便宣布开建义旗。萧衍起事,一为报父兄之仇,一为取代昏暴的齐明帝天下。

永元三年(501年)二月,萧衍义军自襄阳出发,抵达汉口,七月,攻陷郢城。八月,至寻阳。九月经芜湖,驻新林。十月镇石头,十二月攻陷建康。东昏侯萧宝卷被杀,齐和帝萧宝融即位,改元中兴。

中兴二年,萧宝融被迫禅位,萧衍为帝,改元天监,是为梁武帝。

范缜就是在萧衍义军经芜湖向石头城进发的途中,投靠到萧衍的阵营中的。

七、危言高论

范缜天性耿直,说话很不注意圆转。《梁书·范缜传》说他"性质直,好危言高论,不为士友所安"。天性耿直,说话很冲,出语惊人,自然难为常人接受,和身边的同僚相处不好也是难免的事。

在佛教流行的时代,范缜的神灭论,也属于"危言高论",为常人所不敢言。

此外,范缜有着直言进谏的思想。在《与王仆射书》中,范缜说,唐尧那样好的时代,朝廷的门外都立有诽谤之木,有冤屈都可以写在上面;虞舜那样兴盛的时代,朝廷前都悬挂着谏鼓,有意见都可以鸣鼓传声;周公有那样的治国之才华,也愿意听到下面的讥刺讽谏。所以,贤明的君主应该"不惮谔谔之言",容得下直言批评,即便是布衣贫贱之人,也都可以表达意见,哪怕意见并不恰当。"乐闻讥谏"的思想,使得范缜敢于犯颜直谏,以致一不小心就弄出了过激行为。

八、远徙广州

范缜在晋安担任太守,任职四年。萧衍将他征召回京,担任尚书左丞，执掌监察百官，管理中央机构文书章奏。

天监四年，梁武帝在华光殿宴会群臣，希望听闻得失，请众臣献治政之策。范缜当即对萧衍擢升谢朏、废掉王亮表示不满，认为谢朏徒有虚名，王亮则颇有治实，范缜对萧衍如此用人表示不可理解。

范缜的当庭质疑令萧衍难堪。其实，萧衍不喜欢王亮是有原因的，认为他并非忠臣，所以对他不予认可。范缜不识时务，为王亮说话，萧衍只好说："你还是说点别的事吧。"范缜没有借坡下驴，还是固执己见，据理力争，弄得萧衍龙颜不悦。

这时，御史中丞任昉看不下去了，便奏了范缜一本。在上书中，任昉指证说，范缜从晋安回京师时，曾公开宣称："我不会拜访什么人，只会拜访王亮；我不会给别人带礼物，只会给王亮送礼物。"

任昉的举报恐怕所言非虚，《梁书·范缜传》就说范缜从晋安回建康时，没给亲戚送赠礼，只关心了王亮。《梁书·王亮传》中记载，任昉指责"缜言不逊，妄陈褒贬，伤济济之风，缺侧席之望"。意思是范缜口出狂言，是非不清，有伤礼敬之和气，有损谦恭之仪度。

范缜和王亮都曾从游于竟陵王的西邸，一起在萧齐政权中做过郎官，两个人私交甚好。梁武帝代齐后，范缜本来希望在服丧时投奔萧衍会有"精诚所至，金石为开"的效果，从而进入更高的权力中心，没想到梁武帝并未如其所愿。后来王亮又被废弃在家，两个怏怏不乐的政治失意者便抱团取暖，惺惺相惜。没想到，怨气所结，结出的是更大的恶果。

任昉建议梁武帝免去范缜的官职，并收付廷尉依法治罪。《梁书·王亮传》中载，梁武帝也以玺书诘问，指出王亮"反覆不忠，奸贿彰暴"的诸多事实，不希望范缜"妄相谈述"，而要求"具以状对"，以事实说话。梁武帝诘问的十条，范缜都回答得支离破碎。

结果，范缜被远徙广州。数年之后，范缜才回建康担任京官，任命为中书郎、国子博士，最后在任上辞世。

小专题 5

谢朓与王亮

谢朓，出身于南朝赫赫有名的陈郡谢氏家族，其六祖谢万为谢安之弟、谢石之兄。谢朓自小长于诗文，号称神童，在刘宋时一直迁至侍中。

萧道成逼宋帝禅位那天，谢朓作为侍中本当解下宋帝御玺授予萧道成，他却佯装不知，竟穿着朝服径直回家了。萧道成之所以没有因此杀掉谢朓，是因为不想成就他的声名，于是废之于家。直到永明元年，谢朏才被起用，先后任侍中、中书令及外出为太守等职。南齐末，谢朏为求自保，试图远离政治，屡次抗表不应召。梁武帝代齐，谢朏诣阙自陈，诏以为侍中、司徒、尚书令，这引起了范缜的不满。

而王亮，则出自更为显赫的琅琊王氏家族，其七世祖为与司马氏共天下的王导。名门之后的王亮在刘宋末迎娶了公主，拜为驸马都尉。萧齐时，官至侍中、吏部尚书、尚书右仆射，可谓荣耀一时。不过，王亮在萧齐末谄事江祏，与梅虫儿、茹法珍等人，弄得政坛乌烟瘴气，为南齐灭亡埋下了隐患。

萧衍义师抵达新林时，朝廷百官都夹道欢迎，只有王亮未表诚款。建康城平，萧衍对王亮说："朝廷快倾覆了，你身居高位却不力挽狂澜，要你这样的宰相干什么呢？"不过，萧衍并未问罪王亮，受禅以后还任命他为侍中、尚书令等职。

天监二年，梁武帝朝会万国，王亮称病不朝，还另设筵席，谈笑自若。梁武帝派人前去探视，发现王亮一点也不像生病的样子。御史中丞乐蔼奏以大不敬之罪，认为应该对王亮以弃市论刑。萧衍下诏，削其爵位，废为庶人。

小专题6
顺阳范氏家族的谔谔之言

范缜的直性子，可能有家族遗传因素在。

范缜六世祖范汪不惧桓温，在桓温北伐时因失期被免为庶人。后来，范汪到姑孰进见桓温，当时桓温正在启用不被重视的官僚来扩张势力，以为范汪此来意在有求于己，便问袁宏："范公此番前来，让他担任太常合适吗？"范汪落座后，桓温便感谢他远道而来的诚意。没想到，范汪担心自己被误会名声受损，赶紧说："亡儿坟茔在这里，所以过来看看。"弄得桓温大跌眼镜。

范汪之子范宁也颇有乃父之风，"宁指斥朝士，直言无讳"。（《晋书·范宁传》）

范宁子范泰，"不拘小节，通率任心，虽在公坐，不异私室"。范泰即便在朝廷官署，也像在家里一样通达直率，心里所想都写在脸上，吐于口外。对于皇上也是如此："少帝在位，多诸愆失，上封事极谏。"（《宋书·范泰传》）

范缜的四世祖范弘之继承了范氏尊儒的传统，"雅正好学，以儒术该明，为太学博士"。范弘之在朝廷上也表现出儒家的本色，谢石辞世后，礼官须论议他的谥号，范弘之既看到了谢石事功突出的一面，又看到了他聚敛无度的奢靡一面，于是根据谥法断定："因事有功曰'襄'，贪以败官曰'墨'，宜谥曰襄墨公。"范弘之还认为应该为殷浩加以赠谥，在上书中有不少词句指斥桓温移鼎弄权的形迹。而当时，"谢族方显，桓宗犹盛"，谢氏和桓氏家族的势力还很强大，梁弘之却不惧最为显赫的这两大氏族，仗义执言，自然会遭到谢氏和桓氏心腹的报复，被贬为余杭令，而终于任上。

看来，范缜要求明君贤相"不惮谔谔之言"，恰恰是因为，顺阳范氏家族多有发谔谔之言的性格，多有倡"乐闻讥谏"的风骨。这一切，以遗传的方式，深入了范缜的血液。

九、弘奖后进

天监六年，任昉辞世，远谪岭南的范缜才获得调回建康的机会。

被迁为国子博士时，当年对自己怀才不遇耿耿于怀的范缜，如今却做出了一个让人意外的举动：他上表欲将国子博士让给裴子野。而当时，范缜与裴子野压根就不认识。

裴子野出身于河东裴氏家族，"少好学，善属文"。

裴子野还以孝闻名,父亲死后,居丧尽礼,每次到墓地,哭泣落泪的地方,草都伤心得枯萎了,还有白兔在墓侧陪伴。天监初,范缜的从弟,时任尚书仆射的范云准备上表赞扬裴子野的孝行,没想到还没遂愿就去世了。范缜完成了从弟的心愿,在《梁书·裴子野传》所记载的范缜上表中,我们了解到范缜让出国子博士的理由:

一是人品好,"幼禀至人之行,长厉国士之风"。特别是居丧行孝,哀戚到形销骨立的地步,甚至蔬水不进。而范缜也是有孝名的。

二是有学养,"家传素业,世习儒史"。作为经学世家的传人,范缜对裴子野相似的家学传统,自然是很有共鸣的。特别是裴子野曾祖裴松之,在刘宋元嘉中受诏续修何承天《宋史》,还没完成就撒手人寰,子野便有意完成先祖的功业。到齐永明末,沈约所撰《宋书》已颁行天下,裴子野便删撰为《宋略》二十卷。范缜对《宋略》评价很高:"弥纶首尾,勒成一代,属辞比事,有足观者。且章句洽悉,训故可传。"范缜认为将该书在学校推行,可以弘奖后进,明辨史误。

裴子野年轻时即著有《集注丧服》《续裴氏家传》《众僧传》《百官九品》《附益谥法》《方国使图》等书及文集二十卷,并行于世。裴子野的文采后来得到梁武帝叹赏，朝廷的文书符檄，多由裴子野起草。《梁书·裴子野传》说："子野为文典而速，不尚丽靡之词。其制作多法古，与今文体异。"质朴典正的文风，给当时靡丽一时的文风带来了拨乱反正的效果，这也是范缜所欣赏的。

三是范缜认同"苟片善宜录，无论厚薄，一介可求，不由等级"的用人观，不以门第取仕，而重视才干德行。范缜对门阀政治一直持批判意见，裴子野的思想和范缜有着惊人的共通处。

裴子野的两篇《选举论》中，指斥魏晋以来的选仕，"万品千群，俄折乎一面；庶僚百位，专断于一司"。意思是，九品官人法和大小中正依据门第来决定去留和职位高低的选官制度，完全走偏了。裴子野认为"天下无生而贵者，是故德义可尊，无择负贩"，言外之意，士族高门并非天生为贵人，只要有德有义，普通百姓也洋溢着生命的尊严。他质疑说："苟非其人，何取世族？"假使贵族子弟无德无能，凭什么他们能"平流进取，坐致公卿"呢？裴子野希望回到"士庶虽分，本无华素之格"，不以身份而以贤能来平等竞争的取士制度。裴子野的这些思想，范缜引为同道，故有让贤之意。

还有一个有意思的细节：裴子野与任昉也有过节，任昉喜欢引荐后进，故游其门者甚众，而裴子野和任昉是从中表亲戚，却从不去找他帮忙，这让任昉心怀怨意。看来，范缜和裴子野都是任昉不喜欢的人物，故而范缜主动将国子博士让给素昧平生的裴子野，也有神交的因素在。可惜范缜的好意并未得到皇上的首肯。

小专题 7

寒人掌机要

一、南朝四帝出身寒门

门第士族政治到了南朝时，发生了微妙的变化。刘宋政权开创者刘裕，曾居京口卖鞋子糊口，还伐薪新州。南齐开国皇帝萧道成也出自寒门，《南齐书·高帝纪》所载遗诏说："吾本布衣素族，念不到此。"代齐称帝的梁武帝萧衍与萧道成是同族，而陈霸先则当过油库史。可见，宋、齐、梁、陈四朝之主，都来自寒门家族。刘宋以降，政坛上一个新的现象是：寒人掌机要。

二、南朝寒人的崛起

当皇帝发现士族显贵的威胁尚在，而宗室诸王的新威胁又来临时，为了控制局面，皇帝不得已任用出身寒微的左右亲近，来实现对权力的掌控。赵翼《廿二史劄记》卷八"南朝多以寒人掌机要"条说："至宋、齐、梁、陈诸君，则无论贤否，皆威福自己，不肯假权于大臣。而其时高门大族，门户已成，令、仆、三司，可安流平进，不屑竭志尽心，以邀恩宠；且风流相尚，罕以务关怀，人主遂不能籍以集事，于是不得不用寒人。"

为执掌朝廷权柄，从刘宋起，位居九品的舍人之官，成为实际上的宰相。到齐东昏侯时，舍人势力已发展到并专国命、权夺人主的程度了。钱穆说："南朝诸帝，因惩于东晋王室孤微，门第势盛，故内朝常任用寒人，而外藩则托付宗室。"（《国史大纲》，商务印书馆1996年，268页）

为了控制外藩诸王，刘宋末开始让典签监督各地方镇所作所为，并向皇帝报告，"刺史行事之美恶，系于典签之口"，典签代表皇帝行驶监察权，各地此时自然无不逢迎推尊典签，典签"于是威行州部，权重蕃君"。（《南史·齐武帝诸子列传》）

皇帝通过舍人操纵中央朝政，通过典签控制地方军政，皇权政治得到了加强，而门阀贵族的权力则实际上转移到了寒士手中。

三、寒门崛起的制度保障

不仅如此，选举政策的变化，也为寒人的崛起带来了机会。在南朝，《梁书·武帝纪》记载的一份诏书中说："其有能通一经，始末无倦者，策实之后，选可量加叙录。曽复牛监羊肆，寒品后门，并随才试吏，勿有遗隔。"这一诏令为寒门子弟通过明经入仕创造了政策上的保障条件，打破了高门士族把持选举权和被选举权的藩篱，寒门子弟中的才能之士入仕晋升不再有门第的门槛，其间可见科举制度的端倪。选举制度的改革，在制度上保证了寒人的崛起，又为日益失去竞争力的士族子弟带来了前所未有的压力。

十、不信神鬼

据《南史·范缜传》载，范缜"性不信神鬼"，当时夷陵（今宜昌）有伍相庙、唐汉三神庙、胡里神庙，范缜下令，统统不允许祭祀。伍相，即伍子胥。王充《论衡·书虚篇》说："子胥恚恨，驱水为涛，以溺杀人。今时会稽、丹徒大江、钱塘浙江，皆立子胥之庙。盖欲慰其恨心，止其猛涛也。"夷陵的伍相庙，大抵当类似。

不过，范缜的《神灭论》中说："有人焉，有鬼焉，幽明之别也。"说明范缜并未否定鬼的存在。说他"不信神鬼"，更确切的理解，应该是范缜不相信精神不灭，不相信人死变成鬼，鬼灭变成人。

钱锺书《管锥编》中说："胡里神"不知伊谁，他二庙皆祀人死为鬼而得成神者，既人死不为鬼，则安得复成神,后稷亦本是人,故虽"郊祀",而"稷无神"也。缜谓人之"神"必"灭",未言"天鬼""山水鬼神"之无有。与缜同朝并世之皇侃为《论语·八佾》"祭如在"二句孔注义疏曰:"前是祭人鬼,后是祭百神",亦见"人死"之"鬼"不即等于"神"。是以缜之"神灭论"与阮瞻、林披等之"无鬼论",何同何异,未敢妄揣,而谈者牵合之于"无神论",则尚未许在。

范缜的从祖范晔,对待鬼神的态度很有点戏剧性。《宋书·范晔传》记载,范晔常说人死神灭,想写一本《无鬼论》。而当他因谋反被抓,面临杀头的危险时,却在给徐湛之的信中说"当相讼地下",意思是想让阎王来做公正裁决了。范晔又对人说:"寄语何仆射,天下绝无佛鬼。若有灵,自当相报。"看来范晔的思想面对即将到来的死亡现实时,不仅前后矛盾,还纠结得很厉害。

也许,范缜从范晔那里传承了不信神鬼的思想,只是,范缜没有面对过死亡威胁,便不像范晔那样纠结:范缜在人死神灭这一点上,是意志坚定的。

第二章 形神关系溯源

人，有肉体的存在，亦有精神的洋溢。那么，肉体和灵魂，彼此相合，还是彼此相分？是灵魂依附于肉体，还是精神决定了形体？再之，人死之后，是形体消溶于地、精神升上了天，还是灵魂随着肉体的死亡而同时烟灭？

围绕形体和精神，或者说肉体和灵魂的关系问题，我们的先贤展开了持续不断的争论。特别是随着佛教东渐，六道轮回、因果报应的思想，更需要一个永不灭去的灵魂作为报应的主体，这引发了本土的儒家和道家的批判。

形神关系问题，遂成为当时思想界一热门争议范畴。而为了形象地解释形神关系，思想家们运用各种比喻来阐述自己的学说，最著名的就是烛火之喻、薪火之喻，最终发展到范缜提出的刃利之喻。

一、庄子的薪尽火传

《庄子·知北游》中说："人之生，气之聚。聚则为生，散则为死。"庄子将人的生命视为气的聚散过程，是一种"生死气化"的观念，神灭论者以此理解庄子有人死神灭的思想。《庄子·养生主》中说："指穷于为薪，火传也,不知其尽也。"庄子之意,烛薪会烧尽,而火却会传下去,有神论者理解为庄子以火之无穷尽以言精神之不灭。庄子无意中开启了形神问题中最早的薪火之喻。

二、桓谭的烛火之喻

东汉桓谭以烛火喻形神,其《新论·形神》篇说:"精神居形体,犹火之燃烛矣。"精神与形体,有如火光与蜡烛,形神二者是相互依存的关系,烛须火才能发光,"烛无火亦不能独行于虚空",精神自然也离不开肉体。烛烧尽,火会灭,正如人死精神也消亡,"如火烛之俱尽矣"。

王充接过了桓谭的烛火之喻,也以此申明形神相须的关系,《论衡·论死》篇说:"天下无独燃之火,世间安得有无体独知之精?"既然火的燃烧不能脱离燃料的存在,世界上又怎么会有离开肉体而存在的有知觉的灵魂呢?王充还以此喻,说明人死神灭的道理:人死,如同火灭;火灭,就没了光,人死,就没知觉,二者道理是一样的。如果说人死了还精神不灭,就如同说火灭了还有光一样荒谬。

桓谭与王充的这些比喻,最终是为了说明,人死则神

灭，世界上并没有鬼魂的存在。王充的《论死》篇由此得出了"人死不为鬼"的结论。

桓谭、王充的思想，可以视为范缜神灭论的思想渊源之一。但正如石峻先生对桓谭烛火之喻的评价："由于这个比喻不够确切，以致后来反被佛教徒如慧远、僧祐等人钻了空子，他们大体上仍然是用同一个比喻，即原出《庄子》书上'薪尽火传'的话，来论证所谓'神不灭'的信仰。"（《石峻文存·范缜评传》）王充用朴素唯物主义的元气自然论来解释人的精神活动，也没有提出更新的有力论证来驳斥神不灭论。

三、慧远的薪火之喻

佛教传入中国后，其业报轮回说在士大夫阶层引起巨大的震动。因果报应说得以成立的关键在于有一个轮回不断的主体，这就需要以神灵不灭为前提。于是，神灭与神不灭的争论，成为佛教东传后形神之争的焦点。

东晋末，慧远与权臣桓玄争沙门是否应该礼敬王者，与戴逵论因果报应，与何无忌辩僧侣袒服。慧远在晋元兴三年作《沙门不敬王者论》，其第五篇为《论形尽神不灭》，代表了当时佛教在形神问题上的最高水平。

针对论敌提出的形神关系如木与火，木燃尽，则火灭，故"形离则神散而罔寄"。意思是形体一死，精神便消散而无寄托之处，慧远对薪火之喻做了意思完全相反的诠释："火之传于薪，犹神之传于形；火之传异薪，犹神之传异形。前薪非后薪，则知指穷之术妙；前形非后形，则悟情数之感深。"火在薪间相传，神在形间相递。火能从此薪传于彼薪，神可从此形传彼形。传递火种的柴薪已然变化，薪尽而火传；承载神灵的形体前后不一，神灵故不灭。传慧远从火可以在薪与薪之间传递，论证神可从此生向彼生传递。

对此，戴逵在其《流火赋》中质问道："火凭薪以传焰，人资气以享年；苟薪气之有歇，何年焰之恒延？"意思是，人的知觉、生命倚赖的是"气"，正如火的燃烧倚赖的是木柴。既然柴有烧尽、气有断绝的时候，为什么人的知觉、生命与柴的火焰，却能延续不灭、永远存在呢？戴逵以此反驳神不灭的思想。

四、郑鲜之的火理之说

南朝刘宋时，郑鲜之（字道子）也作《神不灭论》，以主客问答的方式论精神不灭。郑鲜之反对当时"多以形神同灭、照识俱尽"的观点，就形神关系提出形神异本的命题："所谓形神不相资，则其异本耳。"虽然形神与生俱存，但其所禀分之源不一样，"形与气息俱运，神与妙觉同流"。就人的知觉而言，肌骨能感受痛痒，指甲毛发却没有感觉，说明"生在本则知存，生在末则知灭"。神为生之本，神灭则生灭。

郑鲜之还提出"神不待形"的命题，他以桓谭的烛火之喻为证，得出了与后者相反的结论。郑鲜之认为，薪只是生火的媒介，火因薪为用，而薪非火之本。"若待薪然后有火，则燧人之前其无火理乎？"在燧人氏发明取火手段之前，火理就已存在，正如火理之不依赖薪而存在，精神亦不依赖形体而不灭。

郑鲜之提出火理之说，将神视为本，形视为末，神先于形而存在，并不随形而灭，以论证精神的根本性、先在性和永恒性。

五、白黑之争，重燃薪火之论

刘宋元嘉年间，慧琳作《白黑论》，引发何承天与宗炳、何承天与颜延之等人的数番鏖战，其中涉及形神之争。

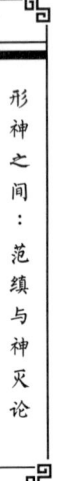

夫火者薪之所生,神非形之所作。意有精粗,感而得,形随之,精神极,则超形独存。无形而存,法身常住之谓也。
——宗炳《答何衡阳难释〈白黑论〉》

形神相资,古人譬以薪火。薪弊火微,薪尽火灭,岂有其妙,岂能独传?
——何承天《释均善难》

慧琳作《白黑论》

当时,慧琳作《白黑论》,其结论倡导儒佛二道并行,"殊途而同归"。但慧琳实为贬黜释氏,借"白学先生"之口,抨击佛教之"空"脱离实际,善恶之报虚幻不实。慧琳在辩儒佛同异与优劣时,所持乃儒优于佛的观点,还指出了大兴佛教带来的诸多社会危害。

慧琳以僧人身份而攻击佛教因果报应之说,为文帝所宠爱,却为众僧所排摈。天文学家何承天声援慧琳,作《达性论》以为响应。何承天将《白黑论》随信致送宗炳,激发了与宗炳的轮番论战。

《弘明集》卷三辑录二人论难的往返信函,包括:

《宗居士炳答何承天书难〈白黑论〉》、何承天《释均善难》、宗炳《答何衡阳难释〈白黑论〉》、何承天《何重答宗》，此外，《弘明集》卷二载宗炳《明佛论》、卷四载何承天《达性论》，这两篇文章也与此次论争有关。

何承天与宗炳在论战中涉及了形神关系。何承天《释均善难》中说："形神相资，古人譬以薪火。薪弊火微，薪尽火灭，虽有其妙，岂能独传？"何承天重拾薪火之喻以证形尽神灭，既然柴薪燃完，火就灭了，又怎么传下去呢？宗炳《答何衡阳难释〈白黑论〉》反驳道："夫火者薪之所生，神非形之所作。意有精粗，感而得，形随之，精神极，则超形独存。无形而神存，法身常住之谓也。"宗炳认为精神可超越形体而独立存在，他理解的神，即传承慧远之说，为常住之法身，而法身是不灭的。

宗炳认为，如果如排佛者所言，形生则神生，形死则神死，那么，身体受了外伤，精神就会困顿。而事实上，人在肢体伤残或生病时，仍旧神志清醒，思维正常。又，人们敬礼五岳四渎，正是因为其有神灵，否则只是一堆土石、一潭死水而已。可见，正如身体病残而神志健全，山崩川竭而神明犹在，精神不是由形体产生，不仅独立于形体而存在，还充斥天地，并流无极。

石峻先生说："戴逵、何承天等虽然都坚持了'神灭论'的思想，一致反对佛教的迷信，但他们的理论严格讲来还存在着很大的缺陷，难以自圆其说，从而不可能彻底摧毁佛教神学的理论基础。因为他们在根本上都没有突破旧无神论的思想体系，还不免把'神'看作是某种特殊的物质，甚至可以离开形体而独立存在。"（《石峻文存·范缜评传》）

历史上的神灭思想存在的诸多不彻底性，为范缜的思考留下了进一步深入的空间。齐梁之际，随着范缜神灭论思想的提出，形神之争进入了新一轮的高潮。

第三章 范缜的神灭论思想

佛教自东汉传至中土，"汉魏法微，晋代始盛"。进入南北朝，佛教传播出现繁荣局面，以寺院、僧尼数为例，南朝宋、陈寺庙各有一千余所，僧尼超三万人，齐梁寺庙超两千，梁代僧尼八万余人。北朝时期，魏时造寺三万余所，僧尼二百万人，北齐时全国僧尼二百余万。

和范缜同时代的郭祖深，曾在向梁武帝的上书中说，建康的佛寺达五百余所，都建得金碧辉煌。寺院经济之发达，僧尼众多，加上他们名下的所谓白徒、养女都不上户口，导致"天下户口，几亡其半"。

南朝崇佛的皇帝以宋文帝、梁武帝、梁简文帝最为知名。推崇佛教的奥秘，宋文帝是这么说的："假如举国上下都信奉佛教，净化心灵，那我坐致太平，又有什么困难的呢？"

南朝齐、梁佛教最盛，皇室贵族崇信佛教的也为数不少，如南齐豫章文献王萧嶷，是萧道成第二子，他的临终遗言说："后堂楼可安佛，供养外国二僧，余皆如旧。"（《南齐书·豫章文献王传》）

鉴于佛教兴盛带来的诸多社会问题，范缜写下了《神灭论》一文，试图通过论证人死神灭来动摇佛教传播的根基。范缜意识到，要在与佛教信仰者的论战中取得决定性胜利，必须摧毁佛教理论大厦的基石。佛教因果报应论的前提是有一个不因肉体死亡而消失的灵魂作为受报的主体，所以，论证了精神随形体而生灭，因果报应便不复成立。既然不存在不灭的受报者，三世报应又从何而来？于是，范缜从形神关系入手，来重点论证精神可灭。

范缜以神灭论来排斥佛教，而神灭论思想并非范缜的独创，而是渊源有自。《庄子·知北游》中所说的"人之生，气之聚。聚则为生，散则为死"，可以理解为包含了神灭论思想。《管子·内业》中说："凡人之生也，天出其精，地出其形，合此以为人。和乃生，不和不生。"来自天上的精气与来自地上的形体相和合，才凝结了人的生命，人的形与神是不相分离的。

荀子提出"形具而神生"的观念，认为人的好恶和喜怒哀乐等情感，是从形体中发生出来的，人的形体具备才能产生七情六欲。一方面，荀子认为精神活动依赖形体的存在，另一方面，荀子也强调人心的作用，认为人心主导了人的理性思维和行为动机。《荀子·解蔽》："心者，形之君也，而神明之主也。"神明，即精神，荀子也承认，形体存在为前提下的人心具有主观能动性。

《黄帝内经·灵枢·本脏》中说："五脏者，所以藏精神、血气、魂魄者也。"认为精神产生于形体中的内脏器官，五脏是精神活动的馆舍。

王充以元气、精气作为人与万物的构成要素。《论衡·论死》中说："死而形体朽，精气散。"人死了，精气自然消散。王充又说："人之所以生者，精气也，死而精气灭。"与此同时，王充认为人具有聪明智慧这种精神现象，是因为人有"五常之气"，而"五常之气"藏于五脏之中，如果五脏完好，则人的智慧正常发挥。一旦五脏出了问题，就会出现愚痴等精神损伤。在王充看来，人死了，不会变成鬼，鬼不是人死后的精神转化，而是活人思念存想的结果。

佛教传入后，神灭论思想继续发展，如魏末晋初的思想家杨泉，在其《物理论》中说，人的生死即精气的生灭，人死如薪尽而火灭，"人死之后，无遗魂矣"。这里比较明确地提出，人死后，灵魂随之湮灭。

范缜《神灭论》的核心命题大致如下：

一、形神相即

范缜提出："神即形也，形即神也；是以形存则神存，形谢则神灭也。"在这里，范缜讨论了"形"与"神"这两大范畴的关系。形，即肉体。神，即精神，佛教中的灵魂也可称为"神"。"即"指的是不离、不异、不二。范缜认为，精神离不开形体，形体也离不开精神，二者是相互不分离的。形与神同时又不是对立的二元，而是统一在人的身体中。形和神其实是"名殊而体一"，这是范缜的形神一元论的基本论点。

而在佛教的神不灭理论中，形神是二元的，是可以分离的。一个人死后，他的肉体消亡了，而灵魂则不会随之消亡，而是可以转移到别的形体中。范缜有针对性地指出，精神依附于肉体，肉体存则精神存，肉体死则精神灭。这一判断内蕴着肉体第一、精神第二的逻辑意涵。

二、形质神用

形神相即的命题，引发的质疑来了：形指向的是无知，神指向的是有知，完全是两回事，二者怎么可以不离不异呢？范缜的回答是："形者神之质，神者形之用；是则形称其质，神言其用；形之与神，不得相异也。"

佛教以二元对立的态度来观察形神关系，故形是形，质是质，彼此相离相异。范缜则用范畴分析的方式，以体用范畴来考察形神关系，将"形"视为"体"，将"神"视为"用"，即形质神用。这里的"质"，指的是形质，是主体、实体；"用"，指的是作用、功用。形体是精神所依附的主体，精神是形体所引发所派生的功用。离开了形质，精神也就失去了赖以存在的机体，故而精神随形体而生，随形体而灭。正如石峻先生所言："范缜用'质'和'用'的一组概念，来说明'形体'和'精神'不是两个东西的拼凑或组合，乃是一个统一体的两方面，而且精神作用只能是从属于物质形体的。因此，如果人的形体死亡了，它的精神作用也就必然随之消灭，而绝不可能脱离主体而另有其自身独立的存在。"（《石峻文存·范缜评传》）

正因为形与神从体用范畴来看是一个统一体的两个元素，故而是不可分割的，也就是范缜所说的"名殊而体一也"。

为了进一步说明自己的观点，范缜打了一个比方："神之于质，犹利之于刃；形之于用，犹刃之于利；利之名非刃也，刃之名非利。然而舍利无刃，舍刃无利。未闻刃没而利存，岂容形亡而神在？"

意思是说，神与质的关系，好比利与刃的关系。刀刃和锋利是不相分离的，锋利离不开刃，不锋利也就不成其为刃。正如刃没了锋利也就不存在，形体消亡后，精神岂可独自存在？

通过刃利之喻，范缜论证了形神相即的观点，有力地回击了形神相异的佛教思想。

三、人之质，质有知

范缜的刃利之喻，论敌认为不一定能说明形神关系。比方说，树木的形质是无知觉的，人类的形质是有知觉的。人类既如树木一样有质体，又有不同于树木的知觉，岂不是说明了树木只有一种质体，而人有质体和知觉两种不同的东西吗？言外之意，人的肉体和精神是两回事，是二元的。

范缜看出了论敌将人和树木都有形质偷换了概念，变成了人和树木的形质是相同的。于是，范缜指出，人类如果形体和树木一样，又有和树木不一样的知觉，对方的论点才成立。事实上，"今人之质，质有知也；木之质，质无知也。人之质非木质也，木之质非人质也，安有如木之质而复有异木之知哉！"

也就是说，人类的形质和树木的形质本来就是两回事，人类是有知觉的形质，树木是无知觉的形质，形与神都不一样。范缜认为人类和树木的区别在于："人无无知之质，犹木无有知之形。"在范缜看来，人的形质，本身就是有知觉的形质，人的精神是随形体的诞生而俱来的。这种有精神的特殊性，正是人类与树木的区别所在。而树木的质体是无知觉的，世界上不存在有知觉的树木，这说明人的"质"与木的"质"是根本不同的。既然人的质体不是树木的质体，树木的质体也不是人的质体，那么，又怎么可能存在有着和树木一样的质体，而又有不同于树木的知觉呢？

四、生形非死形

佛教徒为了论证生死轮回，便抓住范缜"人无无知之质"这句话来反驳说，既然人的形质是有知的，那么，人死之后，人的形体依然不会马上消亡，那么也应该有知啊，这不正好说明灵魂是不灭的吗？

范缜回应说："死者有如木之质，而无异木之知；生者有异木之知，而无如木之质。"也就是说，死者的形体已如同树木，没有知觉了；生者没有树木一样的形质，而有树木所不拥有的知觉。范缜依旧坚持不同的质才会产生不同的用，而死人的质已经不同于活人的质，来否定死人有知觉的可能。

论敌又发问道:"死者之骨骼,非生者之骨骼耶?"范缜的回应是:"生形之非死形,死形之非生形,区以隔矣,安有生人之形骸而有死人之骨骸哉?"论敌利用范缜承认的死人的骨骼是从活人的骨骼变来的事实,来论证"死体犹生体",也是有知觉的,从而说明了精神的不灭。但范缜反驳道,死人的骨骼固然是活人的骨骼变来的,但两者已经不一样了,死者的形骸,已没有知觉,与活人的形质也不一样。同理,死者的骨骼,也不是活人的形骸。正如活树能开花结果,死树不能再开花结果一样,荣木与枯木的质体已经发生了变化。死树不能变成活树,死人也就不再复生,死人自然也无法再有知觉的存在,人死也就神灭了。

活人的形质和死人的形质是两种不同的形质,其不同点在于前者有精神,后者精神灭。这说明,形质的不同,决定了精神的有无,精神是依赖形质而存在的。范缜借此说明,精神不是普遍存在的,只存在于活的人体中。

五、是非之虑,心器所主

范缜进一步讨论了精神和人体器官的关系,正如利不是刀各个部分的功能,而只是刃这一特殊部位的功能一样,人的思维也只是人体特殊器官的功能,这一器官就是:心。

可是,论敌的质疑来了:人的手足断了,肌肤残损了,为什么智虑依旧健全呢?这岂不正好说明,形体的残损并不影响精神的独立存在?

范缜的回应是,精神活动是一个统一的系统,但有深浅之别:"知即是虑。浅则为知,深则为虑。"这里的知,指的是感觉。如人的手足,能感受到痛、痒、寒、热等,这些器官"皆是神之分也"。也就是人的器官各有其不同的感知能力。"手等亦应能有痛痒之知,而无是非之虑。"人的手足、五官、五脏、七窍等器官的感知是浅层次的,深层次的判断、推理等思维活动,则由"心"来完成,即"是非之虑,心器所主"。范缜将人的精神活动分为两大类:事关痛痒的感应,是感性的,浅层次的,属于知的范畴;而人判断是非的思维,则是深层次的,属于虑的范畴。人的感觉,对应的是感觉器官,如痛痒之于手足、视听之于眼耳;人的知觉,对应的是知觉器官,也就是心。"心病则思乖",心得病了,思维就会紊乱,所以"心为虑本"。而手足等感觉器官,自然只是"神之分"了。

这样，人的不同器官，对应精神的深浅，也就是说，人的精神深浅，是与人的生理器官的分工相联系的；人的精神统一，也是与人的生理体系的统一相联系的。正是因为精神与人的器官相联系，形质不同的人便有了不同的感觉、知觉和意识特性。而佛教徒则反对人的精神活动依赖于生理器官，坚持"虑体无本"的思想，认为人的思维不需要形体器官作为基础。范缜对此反驳说，假设人的精神可以不以一定的生理器官为基础，可以寄寓在任何形体中，那么，张甲的感情可以寄于王乙之躯，李丙之性情也能托于赵丁之体，而事实上并非如此。范缜以此证明，精神是不可在形体之间转移的，这也直指精神不灭、灵魂转移的不可能。

六、凡圣不同体、凡圣不同器

精神依赖于形体而存在，可能推导出的一个逻辑结果，便是圣人的形体必然非同凡响。所以，疑问来了：事实上，圣人的形体也恰如一般人的形体，而精神品格却差之千里，这不正好说明形体和精神是两回事吗？

范缜的答复是，正如纯度高的黄铜光可鉴人，纯度低的黄铜则不能映照人影，而纯度高的黄铜自然很少杂质，圣人和凡人精神格调高低不一，形体上自然不同。"又岂有圣人之神而寄凡人之器，亦无凡人之神而托圣人之体。"比如说，尧有八采眉毛，舜有双瞳仁的眼睛，黄帝的前额像龙，皋陶的口形像马，这是体貌上的超凡情形。而比干的心，七个孔窍并列，姜维的胆有拳头那么大，这些是心器上的非同寻常。可见圣人不仅在道德上高蹈卓然，在外形上也是超出常人的。

不过，有人问了："阳虎长得像孔子，项羽长得像舜，又该怎么说呢？"范缜的解释是，外形相似并不是真的相似，更关键的还要心器相似，"心器不均，虽貌无益"。这样，范缜将形质从外向内，从凡圣不同体导向了凡圣不同器。

但疑问依然存在：道德圆满的圣人，照理应该长得差不多吧，可孔子和周公，商汤和周文王，相貌差别很大，岂不是圆满的精神根本不取决于人的外形？

范缜回答说：圣人之同在于都具备圣人的心器，但心器的外形又不一定相同。正如好马的毛色不一样，都能日行千里，美玉的颜色虽不一样，却全都美轮美奂。说到这里，范缜似乎有点绕口令了。

终究，生理结构决定论是无法自圆其说的。石峻先生说："他把个人聪明才智的不同简单地归结为由于天赋的'形'或'质'的不同，跟王充《骨相篇》的思想基本一致。他们都错误地将唯物主义自然观扩大到用生理结构去解释社会现象,从而不可避免地要陷入历史唯心主义,变相宣扬一种先验主义的天才论。"(《石峻文存·范缜评传》)因凡圣不同体的漏洞太多,范缜为自己在后来的论战中留下了屡被攻击的软肋。

七、宗庙祭祀,圣人设教

佛教信仰者在与儒家士人进行论战时,往往喜欢引用儒家的经典和相关故事,以起到以儒家思想证佛教教义的效果。范缜在西邸与人讨论形神关系问题时,论敌也是这么做的。他们首先拿出《孝经》中的一句话"为之宗庙,以鬼享之"来提问:如果死后没有灵魂,为什么要在宗庙里祭祀鬼神呢?

范缜解释,这是因为圣人设教的缘故,是为了满足孝子的心愿,纠正怠慢轻薄的倾向。圣人祭祀鬼神,并不是真的相信人死后变鬼,而是礼缘人情、教化社会的需要。范缜的解释也为自己留下了后患:这样说来,圣人岂不成了骗子?

《左传·昭公七年》载,伯有被人攻杀后托梦于人,说自己预定了时日将杀两位仇人,果然,托梦复仇依约应验。对于此事，子产解释说，一则人死能为鬼，人在生时蒙冤，死后成鬼会报仇；二则鬼魂可附活人之身为厉，故须安抚好鬼魂使之有归宿；三则魂魄、神明的力量大小与出生时所禀精气多少及家庭背景有关。

《左传·桓公十八年》记载鲁桓公及夫人文姜与齐襄公会见，襄公与妹妹文姜私通，鲁桓公责备了文姜。文姜向襄公哭诉，襄公便让公子彭生杀死了鲁桓公。此事引发了严重的外交争端，为平息鲁国人的愤怒，齐侯杀了彭生。《左传·庄公八年》记载了替罪羊彭生的复仇细节，在齐侯的一次田猎中，彭生化身为大豕，齐侯射之，"豕人立而啼"，这一景象把齐侯吓坏了，掉下车把脚摔伤了。后来，齐襄公被弑。

伯有化为鬼魂而扬言复仇，其事应验；彭生白日现形，吓倒齐侯。这些早期的报应故事，已经显示了佛教传入前人们对灵魂实有的相信。于是，这些案例便被佛教用来证明灵魂不灭。

范缜对此回应说，天下怪事太多，真真假假难以辨别。意外而死的人也很多，也没听说都变成了厉鬼。彭生、伯有，怎么就能变鬼复仇呢？而且，一会是人，一会是猪，太悬乎了，不一定就是他俩变的。

看来，范缜对此只能直接否认了。

《周易》睽卦中说："故知鬼神之情状，与天地相似而不违。"又说："载鬼一车。"这不也是说有鬼吗？而且还是一车鬼呢。范缜对此解释说，禽与兽区分了动物的飞与走；人与鬼，区分了明显与幽隐。但人死后变成鬼，鬼灭了又变回人，这是我无法理喻的。

　　总之，范缜对鬼神复仇、人死变鬼的传说，是持否定态度的。只是，范缜没拿出让人信服的理由而已。

第四章 第一次神灭之争

范缜的神灭论思想，在南齐末年和萧梁初期，先后引发了两次形神问题的大讨论。在佛教兴盛的大潮流中，范缜逆流而上，以少对多，与神不灭思想展开了论争。

在南齐时期，信奉佛教最为有名的大臣，是身为宰辅的竟陵王萧子良。范缜与萧子良之间爆发了一场大论战。

第四章 第一次神灭之争

神即形也，形即神也；是以形存则神存，形谢则神灭也。

一、屈竟陵王

萧子良（460年—494年）字云英，是齐武帝次子。萧子良和兄长文惠太子都信仰佛教，因为共同的信仰，两兄弟十分友爱。

永明五年，身居宰相之位的萧子良，移居鸡笼山西邸，在这里展开儒佛兼宗的人文活动。一方面，他召集文人学士抄写儒家的五经和诸子百家的作品，仿照《皇览》的体例编撰规模达千卷的类书《四部要略》。与此同时，《南史·萧子良传》说他"招致名僧，讲论佛法，造经呗新声，道俗之盛，江左未有"。萧子良一心虔诚，笃信佛教，经常邀请朝臣和僧侣在西邸举办斋戒活动和各种法事。有人批评他这样做有失宰相体统，可他依旧坚持以佛法劝人向善，并乐此不疲，结果，萧子良因崇佛而颇具盛名。

范缜和从弟范云当时都从游西邸。萧子良虔心释教，而范缜坚称无佛，两个人便在西邸展开了一场舌战。

因果报应是佛教的核心思想之一。慧远在《三报论》中说，人所作的业有三种报应，一是现报，当时就得报应；二是生报，来生受报应；三是经过二生、三生、百生乃至千生，然后遭报应。人有身、口、意三业，业有三报，生有三世，未能超脱生死烦恼的人，便在地狱、饿鬼、畜生、阿修罗、人、天这六道轮回中不断生死流转。按照佛法，一切都是因缘和合而成，有因便有果。范缜显然是不信因果报应的，萧子良便质问他："你不信因果，那么，世界上为什么有的人富贵，有的人贫贱呢？"

范缜答道："人生就好比一棵树上的花朵。在同一枝上生长，在同一花蕾上盛开的花瓣，总有一天，都会随风飘零。这些飘落的花瓣，有的拂过帘幌，落在锦垫上；有的则越过篱笆墙，掉落到粪坑里。陛下您呢，就好比飘落在锦垫上的花瓣，出身皇家，一生富贵；而下官我，则犹如掉进粪坑中的花瓣，卑微穷困。世上有贵与贱的不同，可与因果报应又有什么联系呢？"

范缜实际上是以"偶然论"来驳难萧子良信仰的因果报应学说。在范缜看来，命运的不同，有如飘落的花瓣，归宿不同，是由各种偶然的因素造成的。有的花瓣被风卷动的帘幌带进了锦垫上，进入了富丽堂皇的处所，而有的花瓣则碰到篱笆，掉进了粪坑中，人的命运也因为存在着同样的偶然因素，而有了富贵贫贱的差别。花瓣在下降过程中，风速、方向、碰到的障碍物，都是变量，而这些变量便是偶然因素，带来了结果的变量。

当然，一个人的生命，如同那些花瓣，同生一树、同发一枝、同开一蕾,这些"生"的不变量,都无法避免"死"的不变量:所有的花瓣都将凋零。这必然中孕育了偶然:每一枚花瓣的必然凋零中,赋予了飘坠于不同处所在的可能性,即偶然性结果。于是,在范缜看来,一个生命的生与死是必然的,而生命的富贵贫贱则是偶然的。

佛教的因果报应观,将一个人的"报",与他所作的"业",即一个人的身、口、意,也就是人的行为、语言、思想,彼此联系起来,而报应的主体,就是人的灵魂,或者说精神。佛教讲究"自作自受",即所有的善恶报应,不论是本世修来的,还是前世攒下的,都将由作业者自己在轮回中受报。因此,报应的主体同时也是报应的原因,而主体之外的因素,则被淡化了。正是针对这一点,范缜以花瓣之喻,在必落的花瓣这一主体因素之外,加入了风、帘幌、篱笆等外来因素,并将外来因素强化,从而抓住了因果报应强调主观因素的软肋。

萧子良没能反驳范缜的这一比喻,范缜以偶然论挑战因果论,在这一回合中取得了胜利。

对于范缜的胜利,石峻先生说:"上述范缜反对因果报应的理论根据,虽然是坚定地建立在唯物主义自然观的基础上,特别是继承了东汉杰出的无神论者王充的元气自然论,以偶然论来反对因果报应说,但已局部接触到不同客观的具体条件所带来的影响，从而做了进一步的发挥，显然是有所前进的。"但范缜的论证并非无懈可击。石峻先生如是评价："但在当时，从他的理论体系本身来讲，也还有严重的缺点。虽与过去一般宣扬命定论的学说不同，认为贫富贵贱的差别完全是一种自然的偶然现象，但由于包含了不可知论的因素，即人们依然是不能掌握自身的命运，从而归根结底也难免不陷入另一种意义的宿命论。"（《石峻文存·范缜评传》）

小专题8

范缜与竟陵八友

竟陵王萧子良自幼聪敏，其父齐武帝即位后，封为竟陵郡王。他先后担任过南徐州刺史、司徒、侍中、尚书令、扬州刺史、中书监、太傅等职。齐武帝病危时，王融试图矫诏立萧子良为帝，事败。结果，皇太孙继位，萧鸾辅政，萧子良自此深为小皇帝忌恨，三十五岁即去世。萧子良著有佛教和外书文笔四十卷，谈不上很有文采，多为劝诫之作。明人张溥辑有《竟陵王集》。

萧子良礼才好士，招引宾客，《南史·萧子良传》中称"天下才学皆游集焉"，可见萧子良礼贤下士、广纳文才卓有成效。

萧子良移居鸡笼山西邸后,西邸成为当时最活跃的人文学术沙龙,"竟陵八友"就在此产生。《南史·武帝纪》说:"竟陵王子良开西邸,招文学,高祖与沈约、谢朓、王融、萧琛、范云、任昉、陆倕等并游焉,号曰八友。"在这八友之中,萧衍后来成为梁政权的开国皇帝,沈约、范云是他的左膀右臂。

范缜当时也是西邸中的常客,在八友中,正史中除了没有与陆倕交往的记载,其他七人均有交游记录。这七人中,范云是他的从弟,萧琛是他的外弟。可因信仰殊异,萧衍、沈约、王融、萧琛都先后与范缜在神灭问题上展开过论战,任昉则曾上书欲因范缜的言论而治其罪。

至于谢朓,《南史·谢朓传》上载,谢朓因为告发丈

人王敬则谋反，得到皇帝的奖赏，升他为尚书吏部郎。王敬则遇到这样的女婿，自然气得不行，在怀里揣着刀子随时准备报仇，吓得谢朓不敢见他。范缜见到因此事得了抑郁症的谢朓，便嘲讽他说："卿人才无惭小选，但恨不可刑于寡妻。"（《南史·谢朓传》）意思是谢朓的才华倒是配得上当个小官，可惜的是在为人方面连自己的妻子都不知道该不该学他了。范缜的挖苦，弄得谢朓很是难堪。从这个细节中，不难看出范缜那张不饶人的嘴是如何的不合时宜。可见，范缜与八友可谓既有深度交游，又彼此格格不入。

《梁书·范缜传》说范缜"唯与外弟萧琛相善，琛名曰口辩，每服缜简诣"。萧琛和范缜都是口才一流的人物，范缜尤胜一筹，故为萧琛叹服。可萧琛是唯一和他关系好的人物，竟还在神灭与否的问题上大打口水仗，可见"好危言高论"的范缜"不为士友所安"，是对范缜何等精当的描述了。

二、激沈约

范缜的《神灭论》出炉后，朝野喧哗。萧子良召集众僧驳难范缜之论，竟无人折其锋锐。此时，西邸八友中的大文豪沈约,受此刺激,站出来挑战范缜,写下了《难范缜神灭论》一文。

沈约,字休文,孤贫好学,手不释卷,博通群籍,善属文章。宋时任安西外兵参军、征西记室等职。齐初任征虏记室,带襄阳令。奉文惠太子,素被亲遇,为步兵校尉,迁太子家令。后为司徒右长史、黄门侍郎。后加入竟陵文学集团,和萧子良相善,沈约和竟陵王一样崇信佛教,故加入了讨伐范缜的行列。

沈约和范缜的从弟范云,为萧衍建立梁政权厥功至伟,《南史·沈约传》载梁武帝说"成帝业者乃卿二人也"。入梁后,沈约做过散骑常侍、吏部尚书、尚书仆射、丹阳尹、侍中、右光禄大夫、中书令、尚书令、左光禄大夫等职。沈约撰有《晋书》《宋书》《齐纪》《高祖纪》《迩言》《谥例》《文章志》《文集》等书,还撰有《四声谱》,是四声说的灵魂人物。《南史·沈约传》论其文采:"谢玄晖善为诗,任彦升工于笔,约兼而有之,然不能过也。"

沈约的《难范缜神灭论》,主要驳难的是范缜提出的核心命题"形即是神,神即是形"和"人体是一,故神不得二"。

沈约指出,既然形神相即,人的形体有多少器官,就应该有相应的"神"来对应。人的形体有四肢、五官的不同,这些形形色色的器官又各有其独特的感知能力,且各有其对应的名称。而唯独"神"只有一个称谓,既然形神相即,为什么形的名多,神的名少呢?至于范缜提出的"形质神用",即全部器官的形质属于形的范畴,全部器官的功用属于神的范畴,而事实上各种器官各有其形,如眼有眼形,耳有耳形,那么,也应该有相应的眼神、耳神,那就意味着有多神了,怎会出现范缜所说的统一的形神呢?

沈约又举偏枯之体为例子,患有半身不遂的人,患病的部分,势如木石,半神已灭,半体犹存。这为范缜的形神相即提供了一个反例:偏瘫的部分,神灭而形存。

小专题9

沈约与佛三论

沈约是儒、佛、道在论争中走向交融的代表性人物之一,写了大量和佛教有关的文章。关于形神问题,以及三教关系,除了《难范缜神灭论》之外,还有重要的三篇文章,即《形神论》《神不灭论》和《均圣论》。

一、《形神论》

在《形神论》中,沈约说:"凡人一念,圣人则无念。"凡人之念,神游万里时,忘掉了自己的七尺之躯,忘掉了眼睛的可视，忘掉了双腿的可步。在出神的时候，人处于忘形的状态，即神与形离的状态。而人从恍惚中醒过来的时候，神又与形相合了。这说明神是独立于形的，与形可分可合，而不是范缜说的"形神相即"。沈约说："一念而暂忘，则是凡品。万念而都忘，则是大圣。"在圣人这里，已彻底处于忘形的状态，形之无，恒久远，言下之意，唯独有圣人之神，出神入化。以此说明，形是暂时的，神是不灭的。

二、《神不灭论》

在《神不灭》中，沈约从"含生之类，识鉴相悬"，生物有等级之差，人有贤愚之别，进一步言，人的感官也各有所司，不能相兼，如眼睛的注意力集中时耳朵就没那么专注了。人心因为执着于有，也无法相兼，便念念相继，无休无止，这是浅陋和魅惑造成的结果。如果能做到"兼忘"，就能走出浅惑，归于正觉，反而能兼照一切。

此外，生物的生命有长有短，短的朝生夕殒，既然有夭寿，便必然有长寿，善于养形，便长生不老。"形既可养，神宁独异？"既然身体可养，精神岂可例外？于是，逻辑结果是："养形可至不朽，养神安得有穷？"在沈约看来，形可养，可长寿，神亦可养，可不灭。由此，神不灭得以成立。

三、《均圣论》

在《均圣论》中，沈约提出了自己关于佛教东传的看法。沈约说，感应到佛法，需要缘分。如果因缘未到，即便与佛相遇也感受不到。"唐、虞三代，不容未有；事独西限，道未东流。"在沈约看来，在尧舜禹时代，佛就可能已经出现了，只是葱岭西隔，缘应未启，佛法宜隐的缘故而没流布到中土而已。

到了炎帝和太昊时代，还没有以火煮食，人们食肉衣皮，还没能产生恻隐好生之心。即便大圣想救那些被吃掉的禽兽，但苦于人们必须靠食肉为生，"理难顿夺，实宜导之以渐，稍启其源。故燧人火化，变腥为熟，腥熟既变，盖佛教之萌兆也"。佛没有以激进的方式改变人们杀生果腹的生活习惯，而是采取渐进的方式。于是，燧人氏发现了火，将人们吃生食的习惯改变为吃熟食，这就是佛教东渐的开始。到了神农氏时代，人们打井取水，开荒播种，开始种植时代，极大地减少了杀生吃肉的现象。

"周、孔二圣，宗条稍广。见其生不忍其死，闻其声不食其肉。"到了周公和孔子的时代，人们对生命更加尊重了，斧斤以时入山林，怀孕的野兽不捕猎，不竭泽而渔，钓鱼而不网鱼，不射杀已归宿的小鸟，注重对生灵的保护。可见，佛开示世人，是循序善进、依次而行的。

对于佛教和儒家的关系，沈约说了一句很著名的话："内圣外圣，义均理一。"内圣，指释迦牟尼；外圣，指周公孔子和道家的老子等佛教外的圣人。在沈约看来，佛法与儒家、道家，义理是相通的，都能起到导人向善、敦风厚俗的作用。佛教东渐以来，在三教论争中逐渐出现"三教一致"论，沈约是该观点的接续人物之一。

沈约的《均圣论》曾被当时隐居茅山的道教大师陶弘景问难，对于陶弘景的《难均圣论》，沈约又写下《答陶弘景难均圣论》，以为回应。

三、讥王琰

太原王氏之后的王琰，也写文章对阵范缜，文中讥讽范缜："呜呼范子！曾不知其先祖神灵所在。"王琰的言下之意，既然你范缜坚持人死神灭，那么，你先祖的神灵自然也无影无踪了，你还祭祀他们干什么。而范缜是儒门子弟，以精"三礼"而知名，儒家的礼教，祭祀先祖神灵是最重要的功课之一。王琰讥刺范缜的神灭思想违背了儒家的礼教，辱没祖先，实为大不孝。王琰拿先祖来说事，在重视孝行的时代，不啻是最激烈的攻击。

王琰给范缜戴上不孝的罪名，试图以此"杜缜后对",彻底让范缜服软。没想到,范缜反唇相讥:"呜呼王子!知其祖先神灵所在,而不能杀身以从之。"王琰的祖上王国宝是服罪而死的,范缜的意思是,你王琰知道自己的祖先是在哪被杀的,何不把自己也杀了,让灵魂追随祖先而去呢?范缜的回答直击王琰家族的难言之耻,可见他的反击是何等激烈,难怪《南史·范缜传》称这一回答为"险诣"。

追溯范缜和王琰的先祖,其实原本是亲戚。《晋书·卷七十五·列传第四十五》说,王琰的祖上"王国宝,宁之甥也,以谄媚事会稽王道子,惧为宁所不容,乃相驱扇,因被疏隔"。范宁为王国宝之舅,两人却互相谮毁,矛盾极深。顺阳范氏世敦儒业,而王氏则以玄风相尚,前文提及范宁认为王弼、何晏,"二人之罪深于桀纣",也是范氏和王氏家族矛盾的表现。

难怪,当王琰站出来讥讽范缜时,范缜便带着家世宿怨,予以毫不留情地痛击。这也能看出范缜是如何的尖酸刻薄。

四、拒王融

萧子良眼见着自己阵容里的斗士们一个个败下阵来,便改变了斗争策略,采取了威逼利诱的手段。萧子良派竟陵八友中的铁杆兄弟王融对范缜说:"你的神灭论毫无道理,却要固执己见,恐怕有伤名教啊!像您这样有才华,迟早会高升到中书郎的高位的,而你却坚持如此乖张的理论,恐怕是自毁前程啊!"

萧子良身为一朝宰辅,自然对官位有予夺之权,他的说客王融,向范缜发出的暗示信号是:放弃神灭论,可当中书郎;坚持神灭论,仕途从此无望。没想到范缜大笑一声:"假如我范缜卖论取官,早就做到令仆了,何止区区中书郎啊!"王融当时就是中书郎,范缜的回答中,不无反讽之意。历史开了一个不大不小的玩笑:范缜在梁武帝时因力挺王亮而被徙广州,后来回到京师,还真的做了中书郎。王融的识鉴,实在惊人。

识鉴过人的王融碰了一鼻子灰,范缜的倔强,由此可见一斑。

小专题 10

王融矫诏

王融出自名门,为琅琊王氏之后,是王导的六世孙。《南史·王融传》说:"融文辞捷速,有所造作,援笔可待,子良特相友好。"

王融可谓萧子良的死党,但"融躁于名利,自恃人地，三十内望为公辅"。看重名位权势的王融，有光复王氏家族门庭荣耀的愿望，期待三十岁之前能身居高位，颇有政治野心。

竟陵王招纳文士，西邸为当时的文化重镇，王融成为萧子良心腹。齐武帝病笃，萧子良是次子，萧昭业是嫡孙（文惠太子萧长懋长子），二人都有可能继位。当时，萧子良在殿内，皇太孙还没赶到，王融便一身戎装，在中书省路口挡住东宫车仗，不让萧昭业一行进入殿内，试图矫诏立萧子良为帝。诏书写好后，没想到齐武帝又苏醒了，安排将朝事托付给西昌侯萧鸾，以辅佐幼主。

没过多久，齐武帝驾崩，王融布置萧子良的军兵把守

禁内所有大门。萧鸾得知这一消息,急驰到云龙门,被守卫士兵挡住不让进,萧鸾便称:"皇上敕令召我进殿!"便突破守卫长驱直入,奉皇太孙登殿,同时命令手下把萧子良请出去。萧鸾指挥若定,声如洪钟,弄得殿内之人无不从命。王融一看大势已去,便脱下戎装回到中书省,一路上悲叹:"萧公误我啊!"

矫诏事件,让郁林王萧昭业对王融深怀恨怨,继位才十几天,便将王融收捕,下廷尉狱,并让中丞孔珪倚上奏,说王融"威福自己,无所忌惮,诽谤朝政,历毁王公"。此时自保不暇的萧子良,也不敢救王融。结果,诏令王融于狱中赐死,时年二十七。

第五章 第二次神灭之争

范缜在萧子良任宰相的时期(齐永明五年至建元元年,487—494年)第一次发表《神灭论》,招致萧子良集合众僧和西邸文士进行多对一驳难。十余年后,一场更大规模的多对一驳论涌向范缜,论敌的核心人物从宰相萧子良升级为梁武帝萧衍。皇帝亲自上阵,率领众臣和名僧,能否在第二次神灭论争中将范缜驳倒?

一、梁武帝敕答《神灭论》

公元502年，萧衍逼齐和帝禅位，是为梁武帝。

梁武帝的佛教信仰，可追溯到南齐时为萧子良竟陵王文学集团时代。萧衍是竟陵八友之一，深信佛教的竟陵王交游名僧，对梁武帝事佛影响颇大。梁武帝出身于南兰陵萧氏家族，这一家族世奉天师道。梁武帝还与茅山道士陶弘景过从甚密，不仅书问不断，还令其炼丹，以至于陶弘景有"山中宰相"的称誉。

但梁武帝最终舍道事佛。唐释道宣所撰的《广弘明集》卷四载，天监三年四月八日佛诞日，梁武帝发布了《舍事李老道法诏》，忏悔自己"经迟迷荒耽事老子，历叶相承，染此邪法"，决定"弃迷知返"，"宁在正法中长沦恶道，不乐依老子教暂得生天"。当时，有道俗两万人见证了萧衍在重云殿重阁上手书诏文发菩提心。

梁武帝天监六年（507年），《续高僧传·法云传》载："中书郎顺阳范轸，著《神灭论》。群僚未详其理，先以奏闻。有敕令云答之，以宣示臣下。云乃遍与朝士书论之。"范轸，即范缜。法云为当时的最高僧官大僧正，梁武帝所下发敕旨，即今存的《敕答臣下神灭论》。法云将梁武帝敕答文章，下发到全体大臣，组织了一场上自皇帝，下到朝士，针对范缜《神灭论》的集体大讨伐。

梁武帝在敕令中提出了三点意思。

第一，你范缜要传递高论，得有规范严谨的文体，要论证无佛之说，应该以宾主问答的方式，一层层展开，围绕核心主题，进行分析和论证。"来就佛理，以屈佛理。"你范缜有本事把有佛之义颠覆了，你的神灭之论自然会大行天下。

第二，梁武帝暗指范缜的《神灭论》是"妄作异端"，是哗众取宠的高谈怪论，实际上没什么道理，只是对佛法软弱无力的诋毁而已。佛法之广大幽深，超越了心有凝滞者的理解能力，正如转瞬即死的小虫，无法理解时间之久远，瓮中之鳖，无法理解空间之广阔。不能因为自己感知能力有限，便对佛法妄加褒贬，这无异于井底之蛙，哪里知道天地之长久，溟海之壮阔呢？"孟轲有云，人之所知，不如人之所不知。信哉！"梁武帝以人生理上的天然局限性，来说明不能简单地以经验主义的态度来对待宗教信仰，不能因为在经验上感知不到灵魂的存在，便否定灵魂的不灭。

第三，梁武帝以儒家经典来论证灵魂不灭。萧衍认为，在浩如烟海的先圣经典中，含有灵魂不灭思想的文字，可谓比比皆是，实在无法一一列举。既然范缜"尤精三礼",那就从《礼记》中找论据吧!梁武帝引《祭义》:"惟孝子为能飨亲。"孝子在双亲死后,能让双亲享用自己奉献的祭品。又引《礼运》:"三日齐必见所祭。"心诚则灵,当能仰见自己祭祀的对象。如果人死神灭,儒家祭祀先祖君亲的行为,岂不是"飨非所飨,见非所见"。言外之意,范缜的神灭论实在是惊世骇俗,离经背道!梁武帝指责范缜之说"违经背亲",大逆不道。对于萧衍而言,范缜的神灭之论,实在是闻所未闻的咄咄怪事。

小专题 11

梁武帝崇佛

梁武帝儒释道均有涉猎,是三教融合进程中的关键人物之一。在《述三教诗》中,他自述"少时学周孔","中复观道书","晚年开释卷,犹月映众星",可谓三教兼宗。

一、舍身事佛

梁武帝虔心佛教,最为著名的行动当为四次舍身同泰寺,想当和尚。《梁书·武帝纪》载有如下三次:大通元年三月,舍身同泰寺;中大通元年秋九月舍身同泰寺,设四部无遮大会,公卿以下以钱一亿万奉赎;太清元年三月,舍身同泰寺，设无遮大会，公卿等以钱一亿万奉赎。《南史》则多载一次：中大同元年三月，幸同泰寺讲《金字三慧经》，仍施身。舍身寺庙为奴，一则唤起举国上下对佛教的支持，二则为寺庙赢得不菲的赎金以支持佛教发展，萧衍可谓用心良苦。

除舍身事件外，梁武帝和佛教有关的活动，还有升法座讲佛经、设法会等。梁武帝还试图亲自担任"白衣僧正"，以建立政教合一的政权，只是因佛教界众僧反对而作罢。

二、般若涅槃学并重，倡神明佛性说

从梁武帝讲经记载及《梁书·武帝纪》所载"制《涅槃》《大品》《净名》《三慧》诸经义记，复数百卷"，可知萧衍既重般若学又重涅槃学。东晋末至南朝，佛学的重心由般若之真空转向涅槃之妙有，一般僧人将般若学与涅槃学对立起来，与梁武帝二者并重并不一致。般若之空，涅槃之成佛，论空和论佛性，梁武帝都有自己的见解。

关于般若与涅槃的关系，在《为亮法师制涅槃经疏序》中，他说："涅槃是显其果德，般若是明其因行。"在梁武帝看来，般若讲性空，讲诸法无生无灭的中道，通过修行般若空观，可以达到涅槃成佛，故为因。《涅槃经》讲一切众生皆有佛性，而佛性常住，故为果德。般若与涅槃，为修行的不同阶段而已，从第一义谛即真谛的角度而言，并无优劣之分。

梁武帝还有神明佛性说。神明，梁武帝又称真神、心神，实际上即精神、灵魂。梁武帝认为，人的神明是成佛的本体。梁武帝认为人非木石，在于心中有真神，这也是众生皆有佛性的依据。神有体有用，"心为用本，本一而用殊。殊用自有兴废，一本之性不移"（《弘明集》卷九《立神明成佛义记》）。心本，在于人生而静；用殊，在于感物而动。由此，梁武帝会通儒家心性论与释家佛性论，主张通过离欲离恶的自修，反还自性清净。神明由"无明"转向"明"，方法是去除心中之垢，即六尘等外物刺激的熏染，以类似于孟子"求放心"的方式，而达到涅槃境界。

梁武帝以不移之心为本，意味着神明的本性是恒常不灭的，这就为灵魂不灭留下了理论空间，而不灭的神明作为轮回果报的主体，使佛性论与神不灭论具备了密切的内在逻辑联系。

二、群臣唱和梁武帝

法云将梁武帝的《敕答臣下神灭论》送呈到朝廷众臣后,朝廷上下,大小官员,纷纷对梁武帝的敕答做出表态。僧祐《弘明集》留存了当时王宫朝贵六十二人的答书,梁武帝得到了群臣的响应和支持,在朝廷舆论上形成了一边倒的局面,对范缜构成了众口摧一的威压态势。

王公朝贵们的答书,主要涉及如下内容。

(一)盛赞梁武帝对范缜《神灭论》的批驳

对于梁武帝的敕答,不论是皇室宗亲还是朝廷众臣,都不惜以溢美之词予以称颂,以表达对梁武帝观点的支持。如建安王萧伟赞扬主上"天识昭远,圣情渊发"。意思是梁武帝的见识明晰深远,思想深邃。长沙王萧渊业则称"睿旨渊凝,机照深邈"。赞美萧衍思想睿智,禀赋慧力广大深远。尚书令沈约颂扬萧衍的敕答"实不刊之妙旨,万代之舟航",是不需要刊改的精微妙言,为万世后人指引方向。中书令王志称敕答"旨高义博,照若发蒙"。意思是旨意高远博大,智慧照人,启发蒙昧。卫尉卿萧昺答书称:"圣上探隐索微,凝神系表,穷理尽性,包括天人。"圣上探求隐秘,求索微妙,专注于超越言辞的本原，穷理尽性，天人合一。吏部尚书徐勉答书："穷理尽寂，精义入神，文义兼明，超深俗表。"赞扬萧衍穷尽本原和寂灭之理，精神为妙的义理达到神妙之境，文采、义理均清晰晓畅，远远超越俗世之外。

诸如此类，不一而足，对梁武帝极尽追捧之意。六十二份王公朝贵在答书中纷纷自称"弟子"，说明梁武帝此时已皈依佛门。

（二）对范缜形谢神灭的思想予以笔伐

对范缜的神灭思想，王公朝贵以或直接定性，或公开抨击，或含沙射影的方式，进行了批驳。如沈约称"神灭之谈，良用骇愓"。认为范缜关于精神消灭的言论，实在是让人惊骇畏惧。

秘书郎张缅宣称神灭论为"外道之邪见"，太常卿庾咏称神灭思想为"瞽论"，是瞎说八道，"此实理之可悲"。祠部郎司马筠影射范缜之论为"异学""邪心"。秘书丞谢举则影射范稹之说为"异端""诬善"。五经博士陆琏则影射范缜为"昧惑之徒，尚多偏执"。司徒祭酒范孝才称"欲灭其神，内外俱失"。五经博士严植之是儒门大家，也指责范缜"神灭之论，斯彰实重"。东宫舍人曹思文称："范中书遂迷滞若斯，良为可慨。"司农卿马元和答称"神灭之论,宜所未安"。

司农卿马元和答书说:"神灭之为论,妨政寔多。非圣人者无法,非孝者无亲,二者俱违,难以行于圣世矣。"他指责神灭论不利于社会治理,违背圣人之教和孝亲之道,属于无法、无亲的怪论,是不可能流行于世的。散骑侍郎陆任、太子中舍陆倕在联名答书中称:"言神灭者,可谓学僻而坚,南路求燕,北辕首楚。以斯适道,千里而遥。"意思是范缜性情古怪,固执己见,有如欲去燕国却往南走,欲去楚国竟驾车北行,这样去探索义理,只能是南辕北辙,差之千里。

五经博士明山宾答书称神灭论"既违释典,复乖孔教",是对儒家和佛教的双重亵渎,"今弃周孔之正文,背释氏之真说,未知以此将欲何归?"总之,朝廷众臣纷纷对范缜的神灭思想给予彻底否定。

(三)肯定了梁武帝以儒证佛的论证方法

作为外来学说,佛教在东渐过程中,为了得到中土各界的认可,在早期便以"格义"的方法,以儒家和道家的范畴比附佛教义理,如将"空"翻译为道家的"无",等等。佛教在中土传播过程中遭遇了儒家和道教的阻击,爆发了一系列的三教论争事件,如老子化胡说、夷夏之争、沙门是否礼敬王者之争、沙门踞食之争、形神之争等，甚至还出现了"三武一宗"，即北魏太武帝、北周武帝、唐武宗和后周世宗灭佛的法难事件。在论争之中，又逐渐出现了三教一致、三教同源直至三教融合的思想。佛教派别在论战中，发现用儒家经典来论证佛教义理，效果尤为显著，故形成了以儒证佛的方法论。

对于梁武帝的敕答，多位大臣就积极评价了他的论证方法，范岫总结为"敷引外典，弘兹内教"。佛教人士将佛教经典称为内典，佛教之外的典籍称为外典，以示高下之别。范岫称萧衍引用孟子和《礼记》中的两段文字来说明儒家本来就承认了灵魂不灭，是一种引用儒家典籍来弘扬佛教的有效方法。太子中庶陆果答称"感资外文，即就外以明内"。和范岫表达了类似的意思。

右仆射袁昂说："兼引喻二证，方见神在皦然；求之三世，不灭之理弥著。"袁昂认为梁武帝运用了称引和比喻的论证手段，让精神不灭的义理得以彰显。这里说的比喻，是指梁武帝在敕答中运用了《庄子·秋水》中的井底之蛙等譬喻，来说明神灭之论是一种浅陋之见。

光禄勋颜缮答书也说："今欲诘内教，当仗外书。外书不殊，内教兹现。"以佛教外的典籍来诘难佛理，如果发现外典与内典思想一致，佛教义理的智慧自然得以显现。

沈约答书很精辟地总结了梁武帝以儒证佛的方法所取得的效果:"孔释兼弘,于是乎在。"即这种方法论,使得儒家和佛教思想都得以发扬光大。太子中舍人刘洽答书则对这种方法论的效果给予了更夸张的评价:"兼通内外之涂,语过天人之际矣。"即兼通佛教内外之道,论述超越天人之际。

(四)补充延伸了梁武帝对《神灭论》的反驳

六十二份大臣答书,多为简要的回复,基本上属于表态型和简评型,鲜少对神灭问题的深入论证。不过,也有为数不多的大臣沿用梁武帝以儒证佛的方法,在儒家和道家经典中寻找更多的线索,来论证灵魂不灭历来植根于本土核心价值体系中。

司农卿马元和引用《易》中"积善之家必有余庆,积恶之家必有余殃"以及《孝经》中"生则亲安之,祭则鬼享之"的文句,说明上述报应思想和祭祀行为,虽然没有明确提出三世不灭,但已彰显了精神永存的形神观。

领军司马王僧恕引用《左传》中两个故事,一是为齐襄公杀死鲁桓公反遭灭口的彭生,化身为大豕,在齐侯射猎时吓坏齐侯的复仇故事。另一则是《左传·宣公十五年》所载鬼魂报恩的故事：魏武子很宠爱一妾，当他生病时，吩咐魏颗把她嫁了，而病入膏肓时又说让她殉葬。魏武子死后，魏颗把魏武子的爱妾嫁了，理由是，这是魏武子神志清醒时的意愿。后来，在秦晋辅氏之役中，一个老人用草绳把秦国的大力士杜回绊倒，魏颗便生擒杜回而立功。晚上，魏颗梦见了那个老人，老人说自己是魏武子爱妾的父亲。王僧恕还引《尚书》中"祖考来格"以及《周礼》中"若乐九变，人鬼可得礼矣"的记载，说明"神明不灭，著之金口"，是铁板钉钉的事。

五经博士明山宾答书中说，《诗》中称"三后在天"，《庄子·秋水》篇记庄子与惠子在濠梁之上讨论游鱼之乐，老子《道德经》中称"其鬼不神"，《乐记》中有"明则有礼乐，幽则有鬼神"，所有这些，都明确指向灵魂不灭。

五经博士沈宏引《礼》云："非类弗歆，祭乃降祉。"说明祭祀时先祖的灵魂会降临凡间。光禄勋颜缮指出，《尚书》中说："魂气无所不之。"佛经则说："而神不灭。"说明儒家和佛教在神不灭思想上有着惊人的一致。

通直郎庾黔娄答书找到了新的线索——《祭义》云："入户忾然，必有闻乎，其叹息之声。"《尚书》云：

"若尔三王,有丕子之责。"《左传》云:"鲧神化为黄能,伯有为妖,彭生敢见。"他枚举了七条证据,说明人死为鬼,精神不灭。

(五)推崇梁武帝敕答融通三教的效果

梁武帝儒佛道三教兼宗,王公朝贵在答书中对此纷纷赞赏,认为武帝敕答不仅融通三教,还起到了弘扬三教的积极效果。

法云为武帝敕答的价值定下来基调:"孝享之礼既彰""三世之言复阐",认为既彰显了儒家的孝道和祭祀之礼,又复兴了佛教的三世报应和灵魂不灭。

通直郎庾黔娄说:"神鬼之证,既布中国之书;菩提之果,又表西天之学。圣教相符,性灵无泯。致言或异,其揆惟一。"有神有鬼的证据,在中国的经典中随处可见;菩提之果,又表现在西天佛教学说中。二者表达方式各异,但道理如符契,殊途同归。侍中柳恽也说:"中外两圣,影响相符。"中书郎伏暅说:"使二教同归,真俗一致。"

五经博士贺玚肯定萧衍"述三圣以导未晓,标二事以洗偏惑。故系孝之旨愈明,因果之宗弥畅"。引述儒释道三圣引导迷误者,标明真俗二谛启发蒙惑者,因此儒家孝道意旨更加显明，佛教因果报应愈发显畅。二王常侍彬缄表达了类似的意思："辩三世则释义明，举二事则孝道畅。"

散骑常侍萧琛说梁武帝"发挥礼教，实足使净法增光，儒门敬业"，使得儒家礼教和佛法相得益彰。太子洗马萧靡："义证周经，孝治之情爱著；旨该释典，大慈之心弥笃。"认为萧衍援引周礼，使儒家孝义得以彰显，而这些儒家礼义又与佛法相通，因而又能让人们的慈悲之心更加虔笃。

五经博士明山宾的"有神不灭，乃三圣同风"，可以说是最经典的总结：神不灭思想是儒佛道三圣的共通所在。

在三教论争中逐渐浮现的三教同源、三教同善、三教一致、三教融合思想，在梁武帝和王公朝贵的君臣互动中，我们可以管窥一二。

三、范缜论战曹思文

在积极响应梁武帝敕答的王公朝贵中，东宫舍人曹思文和散骑常侍萧琛除了答书皇上，还专门撰文批驳范缜。

曹思文作《难神灭论》，范缜报之以《答曹录事〈难神灭论〉》，曹思文再作《重难神灭论》，此为今存二人论战的往返文字。

（一）曹思文《难神灭论》

曹思文的《难神灭论》，针对范缜自设宾主的三十余条问答，拣选了其中最关键的两条加以批驳，以"倾其根本"，从而彻底驳倒。

一是批驳范缜"形神相即"论。

曹思文否定了形神相即，而提出了自己的观点：形神"合而为用"。合，与范缜的"即"是不一样的，"生则合而为用，死则形留而神逝也"。人活着时形神相合而为用，人死后则形体留下而精神离去，彼此分离。

曹思文对自己的观点加以论证，他举例说，《史记·赵世家》中记载，赵简子病了，五天不省人事。扁鹊去看了以后，对家臣说："秦穆公曾经有七天不省人事，主君的病和秦穆公的病情一样。"又过了两天半，赵简子醒来了，对大夫说："我到了天宫，很是开心。我和众神游于天宫，天上的音乐响起来，舞蹈跳起来，和三代之乐不一样，非常撼动人心。"曹思文认为，这不就是"形留而神逝"的活生生案例吗？如果像范缜所说形灭则神灭的话，那么，形与神的关系，就会如影随形动、响随声起一样，身体有病，精神也会跟着生病，又怎么会身体不省人事，精神却独自跑到天宫中去享受那美妙的歌舞呢？

《庄子·齐物论》中说，庄周睡着时，神游而化为蝴蝶，神与形分离；庄周醒来后，神又与形相合，突然意识到自己还是庄周。为此，曹思文的结论是："然神之与形，有分有合；合则共为一体，分则形亡而神逝也。"

曹思文又举《礼记·檀弓》中的记载为证：延陵季子葬其长子，封土之后，说："骨肉复归于土，命也。若魂气则无不之。"意思是死者的形体复归于大地，而灵魂则神游于天地。在曹思文看来，这不就是"形亡而神不亡"的灼灼明证，怎么可能如范缜所说是形亡而神灭呢？

二是批驳范缜"圣人之教"论。

范缜在《神灭论》中认为，《孝经》中所说的"为之宗庙，以鬼飨之"，不是说真的有鬼，而是圣人神道设教，为了满足孝子的孝心，避免怠慢不敬的情况发生。曹思文对此予以了反驳，他举《孝经》中"昔者周公郊祀后稷以配天，宗祀文王于明堂以配上帝"例子：周公举行郊祀之礼以后稷配享上天，在明堂举行宗祀之礼以周文王配享上帝，如果如范缜所说形神俱灭，又何以配天、配上帝呢？孔子说："天可欺乎？"如果后稷无神灵，而周公又以他配天，周公岂不是在欺天？如果无后稷之灵而空以配天，则不但欺天，也是欺人。这些都是圣人之教，难道圣人在以欺天欺人的方式来教化万民吗？既然欺天欺人，又焉能实现范缜所说的表达孝子之心、整肃偷薄之意的目的？

曹思文继续考察《神灭论》，认为其宗旨"以无鬼为义"，对此，曹思文予以反诘。孔子曾以菜羹瓜果祭祀父祖，《礼记》中说："以乐迎之，以哀送之。"如果人死后没有灵魂，又何必要迎送呢？既如此，迎来时的高兴岂不是装样子？送往时的挥泪哀戚岂不是虚情假意？如果人死神灭，孔子所倡导的祭祀，岂不成了虚假的摆设，圣人之教难道会是这样吗？曹思文以此反击范缜所谓的"圣人之教"论，是对圣人的大不敬。

不过，曹思文在对梁武帝的启文中说"但思文情用浅匮，惧不能微折诡经"，意思是自己才思浅薄，恐怕不能对范缜的奇谈怪论彻底驳倒。这是曹思文的自谦之辞，还是不自信的表现？终究，曹思文自认没能以深刻的理论依据来驳倒范缜的思想。

（二）范缜《答曹录事〈难神灭论〉》

范缜针对曹思文的两条驳难，分别予以回击。

一是反驳曹思文的形神"合而为用"论。

对于曹思文的形神"合而为用"论，范缜进行逻辑推理,"合而为用"意味着"不合则无用"。"蛩駏相资"的传说表明,蛩蛩和駏驉这两种神兽,必须相互配合支持,缺一不可。这恰恰是精神会消灭的最好证据,而不是精神独立于形体而存在的证明,这岂不是给我方论辩当了援兵?范缜举"蛩駏相资"为例,给自己留下了被对方攻击的软肋:既然形与神有如蛩蛩与駏驉,而二兽虽然相资,根本上却非一体,是彼此独立存在的二物,这岂不隐含了形与神相分相离的逻辑结果?

对于曹思文所举赵简子和秦穆公神游天宫的论据,范缜反驳说,赵简子作为天帝的上宾,秦穆公与天帝一起游乐,是用耳朵听取的天乐,用嘴巴享受的美味,用眼睛欣赏的五彩颜色,用手抓到的御龙绳辔,用身体披的锦绣华服,住的琼楼玉宇,这岂不正好说明,精神出游于天宫帝所,也需要耳目手足等形体的存在才有可能吗?

对于曹思文关于"庄周梦蝶"的分析,范缜认为是一种狡辩。如果说人在神游中化为蝴蝶,是化作真的飞虫吗?若真的是这样,一个人在梦中变成了一头牛,就会驾着牛车载人,要是化为一匹马,就会被人骑在胯下,而且第二天早上从梦中醒来,就应该有死牛死马躺在身边,事实上并非如此。《三国志》中记载,孙坚的母亲怀着孙坚时,曾梦见肠子从腹中拖出,环绕吴都的城门。如果真的如此，她岂不必死无疑，哪能没了肝肠还能活着呢？史书中往往称皇帝之母"梦日入怀"，日月如此之大，又怎么可能被揽入怀袖呢？在范缜看来，上述种种梦境，只是"神昏于内，妄见异物"而已，是精神昏沉恍惚所致的一种现象。

对于曹思文所举延陵季子葬子后所说的"魂气无不之"，范缜解释为"不测之辞"，是对死后之气归于上天而难以预测的表述。范缜认为，人生天地之间，从上天禀赋了气，从大地禀赋了形。人死之后，自然形销于下，气灭于上。而延陵季子所谓的"魂气"，在范缜看来只是一种气而已，并非可以转移到另一个肉体的精神。

二是反驳曹思文对"圣人之教"的问难。

范缜对于儒家的祭祀礼仪，判定为"圣人设教"的结果，而非灵魂不灭。而曹思文则推导出圣人欺天欺人的逻辑结论。

针对曹思文的指责，范缜进一步解释了"圣人之教"的论点。

范缜认为，"教之所设，实在黔首"，即礼乐教化的设立，实际上是针对普通民众的。百姓往往贵生而贱死，如果相信死后灵魂不灭，就会增长其畏惧敬仰之心；如果人死后无知无神，人们便容易对死者产生怠慢心理。圣人正是深知其中要害，便制定了一系列的祭祀之礼，让人们在郊外祭天的最高礼仪中，在明堂祭祀上帝的时候，以自己的祖先来配享，从而表达对祖先的尊敬。如此，那些忠诚信义之人可以此寄托对祖先的孝敬之意，而那些粗暴残忍之人则因此产生敬惧警惕之意，从而达到教化大行于天下的目的。

至于曹思文质疑的"欺天欺人"之说，范缜认为，"夫欺者，谓伤化败俗，导人非道耳"，伤风败俗、把人引上邪路才谈得上是"欺"，而圣人之教安定百官贵族，治理百姓黎民，敦风化俗，愉悦人民，又何欺之有呢？

小专题 12

南北朝帝王与显贵崇佛

《高僧传·释道安传》记载，东晋时道安和尚悟出的道理中，有一条叫作："不依国主，则法事难立。"意思是没有国君的支持，佛教很难推行。事实上，佛教在南北朝的传播，离不开统治者的提倡与支持。

北朝皇帝除发起灭佛事件的北魏太武帝、北周武帝，大多积极扶持佛教。北魏太武帝拓跋焘死后不久，文成帝即下诏复兴佛法。和平元年（460年），昙曜开始在平城凿窟造像，即大同云冈石窟的初建。孝文帝迁都洛阳后，几代帝王又开凿龙门石窟。在北齐，幼主高恒"凿晋阳西山为大佛像，一夜燃油万盆，光照宫内。又为胡昭仪起大慈寺，未成，改为穆皇后大宝林寺，穷极工巧，运石填泉，劳费亿计，人牛死者不可胜纪"。（《北齐书·幼主记》）

在南朝，宋文帝、梁武帝、简文帝最为推崇佛教。《弘明集》卷十一所载何尚之《答宋文皇帝赞扬佛教事》，何尚之说："百家规模的乡里，如有十个人持守佛门五戒，则十个人将变得淳厚谨慎；千家规模的城邑，若有一百人勤修佛教十善，则会有百人变得平和敦厚。如果把佛教推广到全天下，编户千万的地方，会出现上百万的仁德之人。这还只是列举五戒十善全部遵行的人。如果将持一戒一善的人都算在内，恐怕十个人中就有两三个人能够受到感化。"何尚之认为佛教能够息万刑、兴雅颂，让皇帝"坐致太平"。

南朝齐、梁时代佛教最盛，皇室贵族崇信佛教的也为数不少。除了以崇佛著称的南齐竟陵王萧子良外，梁昭明太子萧统也崇信三宝，遍览众经。他还在宫内建造慧义殿，作为佛教修行集会的场所，经常招引名僧，谈论佛理。萧统还对三谛、法身等佛教理论颇有创建。

梁南平元襄王萧伟晚年崇信佛理，尤精玄学，著有

《二旨义》《性情》《几神》等佛学与玄学著作,与高僧及周舍、殷钧、陆倕等名人辩论,往往能占上风。梁长沙嗣王萧业深信因果,笃诚佛法,得到梁武帝嘉许。梁武帝宠爱的丁贵嫔,也受他的影响而信奉佛教,持斋受戒,尤精《净名经》。她所得到的赏赐和进献的财物,全都用来弘扬佛法。

(三)曹思文《重难神灭论》

曹思文在《重难神灭论》中针对范缜答复中的四个论点进行了反驳,范缜的四个论点包括:形神不合则无用;形之与神,犹刃之于利;延陵季子"魂气无不之",是形销于下,神灭于上;以稷配天,非欺天也。

曹思文进一步反驳,其针对前面两个论点的驳难最值得一提。

曹思文敏锐地看到了范缜以"蛩駏相资"来反驳形神"合而为用"的比喻中存在的漏洞,指出:"蛩非駏也,駏非蛩也,今灭蛩而駏駏不死,斩駏駏而蛩蛩不亡,非相即也。"也就是说,蛩蛩与駏駏本质上是两种神兽,虽然二者相依为命,但把蛩蛩消灭掉了,駏駏不会死,把駏駏杀死了,蛩蛩也不会亡,可见二者并非属于范缜所谓"相即"的情形。承认蛩蛩与駏駏相资为生,废一不可,但无法掩盖一个确切的事实：二者本质上为二物，而非名殊而体一的存在，既然是二物，便不是相即，而是相离，以此比喻形神关系，反而说明形与神是可以分离的二物，这让自己陷入了无法自圆其说的泥潭。所以，曹思文反讥范缜以此作为论证形神俱灭的根据，且以为搬到了救兵，实际上却是授人以柄，着实很悲哀。

不过，曹思文对范缜的"刃利之喻"给予了肯定，认为"雅论据形神之俱灭，惟此一证而已"。但是，曹思文进而指出，神之与形，是二物之合用。而刀刃与刀刃之锋利，是一物之二名。因为是一物，故舍刃而无锋利可言；二物之合用，因此形亡而神迁。而范缜引一物二名，而证二物之合用，实在是差之毫厘，谬以千里。

曹思文对自己与范缜的往返论难，在与梁武帝的上书中说："但思文情识愚浅，无以折其锋锐。"他提出的解决方案是：既然范缜离经叛道，有乖真理，对这种标新立异、耸人听闻的奇谈怪论，置之不理恐怕是最好的选择。

四、萧琛力驳范缜说

萧琛娶了范缜的妹妹做妻子，范缜的人缘不好，但和妹夫萧琛却是难得的好朋友。不过，对于范缜的神灭之论，萧琛毫不客气，著有《难神灭论》来逐一反驳，该文今存于《弘明集》卷九。范缜曾在萧琛面前宣称自己"辩摧众口，日服千人"，一副自信自得的模样，但萧琛还是不惜一战。

萧琛主要从如下六个方面来驳斥范缜。

（一）形神相即，辩而无证

萧琛认为，范缜提出了形神相即理论，但没拿出很有说服力的证据。萧琛重视证据，便在反驳时用证据说话。萧琛的证据就是人的梦。

萧琛运用了形式逻辑的方法进行梦的解析。人在做梦时，或上腾云霄，或日行万里，此时的精神与形体只存在三种可能：要么是神游，要么是形往，要么是形神俱往。而睡梦中人的身体并未远游，那么后面两种情况便被排除，只剩下一种可能性：神游万里。"形既不往，神又不离，复焉得如此？"也就是说，范缜强调形神不离，可睡梦时人有"上腾玄虚""远适万里"的梦境出现，形体并未移动，精神与形体又不相分离，这如何可能呢？言外之意，只有形神分离才符合逻辑。

萧琛试图得出形神相分的结论：既然形神可相分，形尽时便有可能神不灭。

不过，萧琛的梦境说，并无多少新意和说服力。

（二）刃利不俱灭，形神不共亡

范缜以刃利之喻来说明形神关系，形犹刃，神犹利，刃为质，利为用。既然"舍利无刃，舍刃无利"，"形亡而神在"的情况便不可能存在。

萧琛反驳说，刀刃的锋利，靠时时磨砺，才能入水斩蛟龙，上山砍猛虎。如果砍斫过度，则变成了钝刃。此时，虽然锋利不复存在，但刀刃照样存在，正如精神离去了形体留了下来。这怎能说成是没有了锋利，刀刃就不存在了呢？萧琛的结论是："刃利既不俱灭，形神则不共亡。"利灭了，刃还在，说明形神不会一起灭失。这是萧琛用"形神则不共亡"来驳斥范缜的形尽则神灭。

萧琛的反驳，也有他的缺陷。因为，利刀变成了钝刀，锋刃变成了钝刃，只是刃的锋利程度发生了变化而已，而不是锋利本身彻底消失，萧琛在这里有偷换概念之嫌。

（三）人之知犹木之知，人木皆有知

针对范缜提出的"人之质有知也，木之质无知也"，萧琛理解为，这岂不是因为人识凉热、知痛痒，养之则生，伤之则死？而树木也同样如此啊："当春则荣，在秋则悴；树之必生，拔之必死，何谓无知？"树木春天开始繁茂，秋天则会落叶，栽培会活下来，拔掉就会死掉，怎么能说树木无知呢？萧琛由此得出结论："今人之质犹如木也。神留则形立，神去则形废。"人有精神时有如荣木，无精神时有如枯木。人像树木一样有知，也会如树木一样，精神留驻则形体有生机，精神离散则形体废弛。我们注意到，萧琛与范缜的"形谢则神灭"反其道行之，论证精神对形体的决定性作用，而非范缜的形体为质，精神为用。

萧琛坚持万物有灵论，他的理由是，世间万物，是以神来觉知的，而不是以形质来觉知的。有所不同的是，草木虫鱼只能觉知荣悴生死，人则能通晓安危利害，彼此只是感知能力大小差别而已。而这种差别来自禀赋的不同，因为树木禀赋了阴阳之偏气，人类禀赋了天地之精气，故都有感知能力，只是有差异罢了。

当时，佛教的含识之灵并不包括草木，萧琛的万物有灵论已超出了佛教的教义。但是，萧琛提出了自己对意识问题的思考，比范缜在此问题上的武断，要深刻得多。

(四)神以形为器,非以形为体

范缜提出,手足皆是神之分,只有痛痒之知,而无是非之虑。是非之虑,是由心器完成的。这样,范缜将人的感知能力分为痛痒之知和是非之虑这样的两个层次,认为它们由不同的形器来完成。对此,萧琛概括为:"此则神以形为体。体全则神全,体缺则神缺矣。"

萧琛很敏锐地从体用关系上把握了范缜的核心思想:形为体,神为用。其中蕴含的逻辑是:照此来说,形体完整则当精神饱满,形体残疾则当精神受损,但萧琛紧接着提出了反例:如果把人的手足砍断,肌肤刺伤,他照样能保持神志清醒。正如孙膑被砍掉双脚,用兵的韬略反而更加高明,卢浮因病斩断双手,儒学智慧反而更加精深。孙膑的案例众所周知,卢浮是范阳卢氏之后,为卢植曾孙。《晋书》卷十四载:"浮字子云,起家太子舍人。病疽截手,遂废。然朝廷器重之,以为国子博士、祭酒、秘书监,皆不就。"卢浮失去了双手还被征召为国子祭酒,可见其神智并不受手足残缺的丝毫影响。萧琛以此得出结论:"此形与神离,形伤神不害直切证也。"

对于范缜的手足皆是神分的说法,萧琛推断,既然口鼻耳目各有神分,那么,一只眼睛出了毛病,视神就该被毁,两只眼睛都会盲;同理,一只耳朵患病,则听神受伤，两只耳朵当皆会聋。但事实上并非如此。萧琛便据此得出结论："是知神以为器，非以为体也。"即精神只是把形体当作寄居之容器，而不以其为本体。石峻先生认为："这是完全不能驳倒范缜的，因为范缜本来讲得很清楚：人的手足、肌肤的作用是感觉，只有心这个器官才是产生思维作用的。所以通常'断手足，残肌肤'只会影响他的感觉作用，若非'心'的'质'受到损害，就不会影响那个人的思维活动。可见萧琛在这里，有意把人的感觉器官和思维器官的作用，不加分别地混淆起来，只是无可奈何地存心狡辩而已。"（《石峻文存·范缜评传》）

针对范缜的"心为虑本"，且不能在不同形体间迁移，萧琛认为，耳目口鼻因所承担的生理功能不一样，即便在同一形体中，也不能相互替代，这是说得过去的。但是，心虽然处于不同的形体之中，却可以心心相通，是因为它们的神灵都是一样的精妙，它们的感知能力都一样发挥功用。

《尚书》说："启尔心，沃朕心。"《诗》云："他人之心，予忖度之。"说明心与心之间，是可以相互启发、相互润泽、相互理解的。此外，历史经验也表明，齐桓公采用管仲的谋略，汉高祖刘邦听从张良的计策，都证明了人的精神可以转移到他人的身上。怎么会出现范缜所说的"张甲之情不可托于王乙之躯,李丙之性勿得寄赵丁之体"的现象呢?

(五)凡圣可同体

范缜认为形神相即、形质神用,必然推导出凡圣不同体、凡圣不同器的观念。既然形体为本,那么,非凡之精神必然出自非凡之躯体、非凡之心器。这就意味着,圣人之精神,不会寄寓于凡人的心器;凡人之精神,不会寄托于圣人之躯体。但萧琛纳闷了:阳虎长得像孔子,项羽长得像帝舜,这不正是"凡人之神托圣人之体"吗?不仅如此,女娲有着蛇一般的躯体,皋陶有着马一样的嘴巴,这恰好说明,圣人之精神,甚至寄寓于昆虫畜类的躯体。

萧琛接着提出反证:"若形神为一,理绝前因者,则圣应诞圣,贤必产贤。"勇敢、懦弱、聪明、愚蠢,这些不同的气质,都应该来自同样气质的父母。可是,明睿的尧帝却生下了狂傲的丹朱,凶顽的瞽叟却生下了圣明的舜帝。萧琛由此得出了形神为二的结论。

范缜凡圣不同体之说,为自己留下了口实,终究,人的生理结构的差异很难说即为智慧高下的主因。萧琛抓住范缜的漏洞,以归谬法指斥其中的不合理性。

在范缜遭遇的上自帝王下至群臣的挑战中,来自最亲密朋友萧琛的问难是最具威力也最具理性高度的。

（六）六家之术，各有流弊

范缜在《神灭论》中除了以问答形式阐述"形谢则神灭"的思想，试图彻底否定佛教建立在灵魂不灭基础上的因果报应学说，还直接针砭了当时佛教流行所带来的社会问题。范缜对佛教的批判归纳为八个字："浮屠害政，桑门蠹俗。"浮屠，即佛陀。桑门，即沙门。意思是佛教妨碍政治，和尚败坏风俗。具体而言表现在以下四方面。

第一，在政治上，"致使兵挫于行间，吏空于官府，粟罄于惰游，货殚于泥木"。越来越多的人投身于佛教，导致军队实力大减，政府中官吏缺人，粮食被游手好闲的僧人吃掉，财富被奢侈的寺院建筑耗尽。

第二，在社会上，一方面人们"竭财以赴僧，破产以趋佛"，不惜向僧侣捐献钱财，倾家荡产塑造佛像；另一方面，却对穷困潦倒的亲戚不加体恤，毫无怜爱之心。送给贫穷的朋友一点米，就会面露吝啬的表情；捐赠巨富的僧人上千钟粮食，却显得欢欣不已。这一切，只是因为，僧人以来世的幸福许诺了虚无缥缈的报偿，而穷朋友却没法给予什么回报。这样一来，帮助人不再为了救人急难，做善事纯粹为了一己私心。如此，自然导致世风日下。

第三，佛教吸引世人的报偿与惩罚，具备极大的虚假性和欺骗性。"又惑以茫昧之言，惧以阿鼻之苦，诱以虚诞之辞，欣以兜率之乐。"意思是佛教用希望渺茫的谎言迷惑人，用阿鼻地狱的痛苦恐吓人，用夸大的言辞引诱人，用天堂的快乐打动人，而这一切，都不过是骗人皈依佛门的空头支票。

第四，佛教对儒家的人伦秩序带来了极大的破坏。人们抛弃了儒门的服饰，披上了僧侣的袈裟；废弃了祭祀祖先的礼器，摆上了佛教的水瓶饭钵；因争先出家为僧尼，致家家骨肉分离，人人子嗣绝灭……上述这一切，实在是"其流莫已，其病无限"。

范缜以痛心疾首的语气毫不留情地批判了佛教的弊端，自然会激起崇佛者的不满。萧琛在《难神灭论》中，针对范缜的上述指摘，主要做了如下三方面的辩护。

第一，"佛之立教，本以好生恶杀，修善务施。"佛教的根本理念是珍爱生命，倡导乐善好施的。好生，意味着佛教爱护生灵，尤其是万物之灵的人类。恶杀，也非无原则地反对杀伐，妨碍国家的治理。修善，绝非只是为了礼敬菩萨，而以忠信为上；博施，不是为了让人倾家荡产建寺庙，而以济人利他为美。至于绝人后嗣、竭财破产的指谪，更非佛陀的本意，否则，没有了后人，谁来延续法种？遍地都建上寺塔，何来耕种的土地？这是普通人都懂的常识，何况智慧如佛陀？

萧琛以此试图说明，佛教的宗旨有利于社会秩序的建设，与儒家的仁义忠信并不矛盾。佛教的罪福之报，与世俗之教、人伦之情也不相悖。有些罪人逆子、流氓无赖，很害怕阎罗地狱的审判，佛教能够让他们迁恶从善，这不正好是佛教有益社会的表现吗？

第二，萧琛承认，范缜指出的一些现象在社会上确实存在，比如不肯施舍缺衣少食的弱者，弃置亲戚而不顾，任凭宗祠毁坏而不修缮，却争相花钱铸造佛像，撕裂丝绸造作袈裟，耗费黄金涂在塔尖，以为这样能种上福田。萧琛指出，这些人并不懂得佛法真谛，也得不到上天赐福，这种行为，也是佛门反对的。这些危害社会、欺惑百姓的现象，并不是佛本身的过错。

第三，"夫六家之术，各有流弊。儒失于僻，墨失于蔽，法失于峻，名失于诈"，诸子百家的各种流弊，是由于祖述各家学说的人没有传下其真正的精神，导致后来的种种弊端。问题是，范缜不去批判孔子之僻、墨子之蔽，不去挞伐法家韩非子、邓析的严刑峻法与名家的诡辩诈伪，却偏偏针对如来正觉进行肆意攻击，岂不是忿恨风涛却欲毁弃舟楫啊！萧琛影射范缜的非毁佛教是本末倒置、背道而驰，提倡"思息末以尊本，不拔本以极末"。以此，来弘扬正法，有益众生。

萧琛从诸多方面来挑战范缜的神不灭思想，但也没有超出范缜的思想高度。

小专题13

萧 琛

萧琛（478-529年），出身贵族门第，为兰陵萧氏之后。齐竟陵王萧子良开西邸，萧琛为八友之一，此时已与梁武帝交好，《梁书·萧琛传》说："高祖在西邸，早与琛狎，每朝宴，接以旧恩，呼为宗老。"这就不难解释，为什么萧琛身为范缜的妹夫和密友，却和梁武帝站在同一阵营。

萧琛自幼聪颖，从伯萧惠开曾抚其背称赞说："必兴吾宗。"萧琛不仅聪明过人，还和范缜一样口才超群，"有纵横才辩"。起家齐太学博士，被王俭赏识，辟为丹阳尹主簿，举为南徐州秀才，累迁司徒记室。

永明九年，南齐与北魏通好，萧琛出使北魏，南归后任通直散骑侍郎。其时，北魏派遣李道固出使南齐，在南齐皇帝的欢迎宴会上，萧琛于筵席间举酒相劝，李道固就是不喝，理由是："公庭无私礼，不容受劝。"萧琛慢慢答道:"《诗》所谓'雨我公田,遂及我私'。"在场者无不为萧琛的才华和机敏所折服,李道固只好把酒喝了。

到了梁代,萧琛先后担任宣城太守、太子中庶子、散骑常侍、宁远将军、平西长史、江夏太守、南郡太守、东阳太守、吴兴太守、侍中、特进、金紫光禄大夫等职。

萧琛以才学著名。他深谙朝典,常言:"少壮三好,音律、书、酒。年长以来,二事都废,惟书籍不衰。"萧琛率性通达,喜欢美食,经常自己下厨,陶然致醉。

小专题14

郭祖深排佛

郭祖深,襄阳人。萧衍在襄阳时,郭祖深追随他起事。先后任过南梁郡丞、豫章锺陵令、员外散骑常侍、南津校尉、云骑将军等职,秩二千石。郭祖深在南州时,奉公守法,从严治理,往常王侯势家在这里出入关津,横行无阻,还夹藏亡命之徒。郭祖深严加搜检,不避强梁,违反者即绳之以法,期间曾上奏对江州刺史邵陵王、太子詹事周舍加以问罪。如此一来,远近肃清,谁也不敢轻举妄动。

《南史》郭祖深本传说他"常服故布襦,素木案,食不过一肉"。有一个老奶奶送他一个青瓜,他回报以疋帛。后来有富人效仿老奶奶，试图以财货贿赂他，结果挨了郭祖深一顿鞭笞。自此，"朝野惮之，绝于干请。所领皆精兵，令行禁止"。

郭祖深这样的耿介之人，对于梁武帝沉溺佛教，导致朝政废弛的现象，自然很看不惯。于是，郭祖深抬着棺材，来到朝廷上以死相谏。

在上书中，郭祖深指出当时佛教大兴的空前盛况："都下佛寺五百余所，穷极宏丽。僧尼十余万，资产丰沃。"郭祖深说，京师建康尚且如此，地方郡县的佛寺、僧尼之多，寺庙财产之富，更是不可胜言。"道人又有白徒，尼则皆畜养女，皆不贯人籍，天下户口，几亡其半。"和尚养白徒、尼姑蓄养女，都不登记户口，导致天下户口，差不多少了一半。此外，不少僧尼还干上了违法的勾当，养女们都穿着绫罗绸缎，实在是伤风败俗。郭祖深警告说，如果对此现象不加控制，"恐方来处处成寺，家家剃落，尺土一人，非复国有"。意思是到时候举目四望，处处都是寺庙，家家都削发为僧，整个国家，都将成为寺庙私产。

郭祖深的上书中，至少包含了如下信息：第一，寺院多且豪华；第二，僧尼之多，劳动力丧失之严重，对政府户籍及其税收征役管理挑战之严峻；第三，寺院经济发达，僧人财富膨胀；第四，寺庙僧尼对风化侵蚀严重。郭祖深提出的解决办法是，那些无道的僧尼，四十岁以下的人，都应还俗当农民，禁止僧尼蓄白徒、养女、奴婢，寺庙中的奴婢只能穿青布衣，僧尼必须吃素。

梁武帝对郭祖深的进谏没有采纳，不过，还是很赏识他的正直，给他升了官。

第六章 结语

范缜之后，思想家们如何看待形神关系？范缜的学说，我们又该如何评价呢？

一、形神问题的新视角

范缜之后，围绕神灭问题的争论仍有继续，但规模如齐梁时代的论战不再重现。此后神灭思想的发展，相对比较沉寂。

王安石《礼乐论》提出："心生于气，气生于形，形者有生之本。"罗钦顺《困知记》中说："无此物即无此理，安得所谓死而不亡者耶？"王廷相《雅述》下篇则说："夫梦中之事，即世中之事也。"他们分别从不同角度讨论了精神依赖形体、人死神灭、梦境源于现实生活而非灵魂出窍。

张载和程朱在形神观上反对神不灭论最具代表性。张载依据气一元论，否定佛教"一切唯心""一切皆空"的思想。朱熹《朱子语类》说："既有形，后方有精神知觉。"他否定佛教的鬼神观念："鬼神死生之理，定不如释家所云，世俗所见。"王夫之《周易外传》指出："形非神不运,神非形不凭。"强调形神之间的相互依存。

明代李时珍《本草纲目》首次提出"脑为元神之府",正确地将思维器官定位为人的大脑而不是心脏。方以智《物理小识》进而提出"人之智愚系脑之清浊"。清代中叶,名噪京师的医学家王清任(1765—1831年),在《医林改错·脑髓说》中提出"灵机、记性不在心,在脑"。此后,法国解剖学家弗洛伦于1822—1824年通过解剖实验证明"人脑是意志和思维的器官"。俄国生理学家谢切诺夫在1863年出版的《脑的反射》一书中也提出脑是灵魂的器官。

王清任的脑髓说,为形神关系问题的讨论,提出了解剖学的思考维度。

二、正说范缜神灭论

范缜的神灭论学说,引发了齐、梁时期两次大规模的思想争鸣。范缜以他非凡的口才和惊世骇俗的学说,搅动了朝野上下。不论在学术上还是在社会思想层面,范缜都烙上了深刻的影响。

范缜《神灭论》的积极价值,主要从以下诸方面进行考察。

第一，在理论上，范缜的神灭论思想，克服了先秦乃至两汉以来思想家们在形神关系问题上实际存在的二元论倾向的不彻底性，达到了先秦以来直至当时无神论思想的最高水平。

在范缜之前，思想家们在讨论形神关系时，很难克服形神二元论的逻辑漏洞，从而使自己的立论无法彻底自圆其说。

如《管子》将精神的渊源推向来自上天的精气，寄寓于人心中的精神，"其细无内，其大无外"。这种功能强大的精神与其所寓居的心脏，是一体还是可分可合？《管子》语焉不详。

司马谈《论六家要旨》中说："神大用则竭，形大劳则敝，形神离则死。"司马谈认为死是形神分离的结果，但形神分离后，神的去向是哪里？司马谈没有明确答案。此外，既然形神可离，就无法避免给人留下形神为二的印象。

东汉桓谭以烛火喻形神，来论证人死精神灭，但佛教徒同样用烛火之喻来论证薪尽火传说明形尽神不灭。王充接过了桓谭的烛火之喻，申明形神相需的关系，得出"死而精气灭"以及"人死不为鬼"的结论。但同时，王充《论衡·订鬼》篇说"人死精神升天，骸骨归土"，这隐含的逻辑便是精神与形体是可以独立存在的二物，从而有流入形神二元论的危险。

由此可见，在范缜之前，神灭论者并未彻底解决形神二元论的理论漏洞，不能从根本上否定灵魂的不死。而范缜的刃利之喻，将形神关系置于一个统一体中来观照，不是两个事物的关系，而是事物与其属性之间的关系，这就克服了以往烛火之喻的缺陷，有一定程度上避免了陷入形神二元论的隐患。

石峻先生指出："范缜在这些前任的思想基础上，有了很大的发展，把'形'与'神'看作是'名殊而体一'，二者的关系是：'形'是'质'（体），'神'是'用'，即后者是从前者派生的，所以彼此永远不可分离，才基本上堵住了过去那些无神论思想的漏洞，从而坚持了唯物主义的一元论。特别是范缜通过反对'神不灭'论的斗争，又进一步阐明了'神'只能是某种特定形体（'人之质'）的一种特殊作用，并且认为人的各种不同的精神现象，从一般粗浅的感觉到深刻的理论思维，都离不开以一定的生理器官作为基础，这就使得当时的佛教信仰者认为'神'无定所，可以无往而不在，它的活动可以完全不受时空的限制，同时更不依赖与任何形体（即生理器官）的观点，从理论上遭受到了毁灭性的打击。"

(《石峻文存·范缜评传》)

范缜的形神相即、形质神用、形神关系"名殊而体一"的思想，以刃利之喻分析形神一体、形质神用，得出了神离不开形，形灭则神灭的结果。由此，范缜否认有脱离具体形体的永恒的神的存在，也就否认了佛教因果报应的主体：不灭的神的存在，对批驳佛教因果报应思想来了个釜底抽薪。范缜的"神即形也，形即神也"，将形与神看作既相区别又相联系的整体，在一体观中体察形神关系，从而避免了踏入形神二元论的陷阱，达到了形神关系思辨的新高度。

第二，范缜从体用范畴的角度来考察形神关系，以范畴分析的理论工具，进行理性考察，反映了范缜的学术方法论高度。

王国轩在《范缜》一书中说："直到范缜把魏晋时代广泛使用的哲学范畴'体''用'等引入'形''神'问题中来，提出'形神相即''形质神用'这一观点，并以利、刃为喻时，才对形神的关系做出了正确的说明，这是范缜在我国哲学史上最突出的贡献。"

石峻先生说："范缜继承了以前反佛教的传统，并唯物主义地改造、应用了魏晋时代有关'体''用'（本、末）之辨的理论思维成果，进一步抓住了问题的核心，从而有所突破，集中地批判了'神不灭'。神灭论的思想基础克服了已往在自然观方面唯物主义的二元论，简单地把'神'看作是某种特殊物质的缺陷，提出了形体是本'质'，精神是作'用'，'形''神'不可分离的论断，比较完整地贯彻了唯物主义的一元论，从而把我国古代的无神论思想提高到一个新的水平。"（《石峻文存·范缜评传》）

在范缜看来，形言其体，神言其用，形为体，神为用，在形神关系中，形占据了主导地位，神则为形所生发的功用、作用。当"质"发生变化时，神也随之而变。这样，赋予形对神的决定性地位，为形谢神灭的核心论点奠定了理性基调。

第三，范缜提出了精神现象的感知层次差别。范缜提出不同的形体器官有着不同的感觉能力。范缜已经意识到，手足耳目等为人的感知器官，心器则为人进行思维活动的生理器官，"浅者为知，深者为虑"，二者是有感知能力和思维能力的差别的。从而，当论敌提出人断手足、残肌肤时却神智不乱，来说明形神相离、形伤而神不害时，范缜以感知与思维的层次分工，解释了论敌的疑问：手足肌肤只有浅层的感知，其受损并不影响深层的神志清醒，故而在手足等感知器官受伤时，思维器官并不受影响，人的神志自然不乱。

第四，范缜与萧子良、萧衍的两次论争，推动了儒释道的进一步融合。

范缜在齐末、梁初分别与宰相、皇帝展开的两场大规模的关于神灭与否的思想领域大论战，是汉末至南朝时期儒释道之间爆发的最后的三教论衡事件。

陈寅恪在《陶渊明之思想与清谈之关系》一文中，考证出范缜的家世"夙奉天师道"，认为"为保持家传之道法，而排斥佛教，其最显著之例为范缜"。出身天师道世家的范缜，自小熟谙儒家思想，且精于"三礼"。而范缜的论敌萧子良和萧衍，属于南兰陵萧氏，其家族也是天师道信徒。萧子良和萧衍也精通儒家文化，同时崇信佛教，是三教兼修的典型，只是，在其晚年更偏重于佛教，故而与范缜有论战的前提。

佛教东渐以来，在中土进行本土化扎根的进程中，发生了多次大规模的三教论争，儒释道三教在论证过程中相互吸收、彼此融合，又同时构筑了三教融合的历史。范缜以如此激烈的语气非毁佛教，有着生杀予夺大权的萧子良和萧衍，都对范缜给予了极大的宽容，除了彼此间有西邸之旧，二萧身上三教兼融的特点恐怕也是重要因素。在与范缜的往返问难中，沈约所著《均圣论》，提出了"内圣外圣，义均理一"的观念，承接了三教论争中不时出现的"三教一致"论，在当时也产生了极大的影响。萧衍在敕答中引用儒家的经典来论证佛教教义，也是在尊重儒家礼义传统的前提下进行的。可见，范缜的排佛之举，一方面有利于当时最高治理者意识到佛教流行带来的社会问题，另一方面，也在思想争鸣中促进了儒道与佛教的融合进程。

对于范缜《神灭论》的历史评价，侯外庐主编的《中国思想史纲》说："从'质用统一体'的'形神相即'论来说，范缜在中国思想史上的地位，无疑的是代表着古代唯物主义思想发展的一个新的水平。"任继愈主编的《中国哲学史》评价说："在形神关系的问题上，他超出他以前的所有的哲学家所能达到的水平。在中国长期封建社会历史时期，后来的哲学家，在形神关系的问题上也都没有提出过更深入的论证。"潘富恩、马涛在《范缜评传》中评价："从法国唯物主义者取得的成果来看，范缜的'神者形之用'的命题和刃利的比喻，达到了18世纪西方机械唯物主义者的水平。"

三、反思范缜神灭论

范缜囿于其所处的时代背景和自身认识水平，他的神灭论思想本身还存在不少缺陷，从而引来了论敌的反攻。

石峻先生在讨论范缜的历史局限时说："具体来说：即从宇宙发生论上，究竟这个与物质形体不可分离的精神作用是一向就有的，还是后来才出现的？那是怎样会产生的？为什么有不同种的物质形体？对于这样的问题，限于当时的科学水平，他还不可能很好地解决，作出合理的结论。因此，在总的方面，依然无法完全摆脱过去阴阳二气交感化生说的影响……但是关于'气'与'形'和'神'三者的关系，并没有交代得很清楚，特别是'神'与'气'的关系，往往把'神'也看作是一种'气'之'精'者，这是范缜的'神灭论'思想，特别是在宇宙生成论方面，还不能跟旧的无神论思想彻底隔断关系的明证。"（《石峻文存·范缜评传》）

其他方面，范缜思想的理论局限性主要体现在如下几方面：

第一，范缜在论证中无法彻底走出形神二元论的阴影。

在具体的论述中，范缜无意中没能规避形神二元论的倾向，为自己的立论严密性带来了损害。比如，范缜提出"形即神也，神即形也"，在"形神相即"这一核心命题中，强调精神离不开形体，但这一观点同时又必须承认：形体离不开精神，这里无意中潜伏了形神为二的风险。范缜保留了形神合二为用的思想残余，不免陷入自相矛盾。特别是在《答曹思文难神灭论》一文中，范缜说形神相合为用，"如蛩驱相资，废一则不可"。而事实上，蛩与驱这两种兽虽然相依为命，但本质上来说，它们是完全不同的两种动物，以"蛩驱相资"来比喻形神"合而为用"，就隐含了形神二元的逻辑结果。难怪曹思文会抓住这一漏洞不放，指出蛩与驱中任何一方死去，并不影响另一方的生命存在，如果以这种现实结果来推论形神关系，那么，形亡依旧神在，反而证明了形谢神不灭。

第二，范缜坚持人死神灭，却并未彻底否定鬼神的存在。

范缜的《神灭论》中说："有人焉，有鬼焉，幽明之别也。"这是范缜最明确地承认有鬼存在的一句话。当然，他不相信鬼是死人变的，也不相信鬼又能转世为人。但无论如何，范缜给鬼留出了位置，也就为自己学说的不彻底性留下了地盘。

此外，范缜出于儒家的立场，无法否定儒家礼制的存在合理性。如《乐记》中说："明则有礼乐，幽则有鬼神。"这种直接宣示鬼神存在的儒家表述，给范缜留下了最难攻破的一道障碍。范缜试图用圣人"神道设教"来对儒家的宗庙祭祀做出解释，但论敌抓住了这种解释的软肋而紧追不放，曹思文以此得出结论：这种圣人设教，岂不是欺天又欺人的东西吗？范缜对此，无法予以有力回击，只能以神道设教可移风易俗的社会效应来搪塞了事。

石峻先生指出："在鬼神问题上，范缜一方面根据唯物主义的'神灭'论思想，基本上否定了人死会变鬼的客观可能性，但另一方面则又坚持'神道设教'是维护封建统治秩序十分重要的措施，依然停留在先秦荀况思想的水平。这虽不等于投降了有神论，但也说明了范缜唯物主义无神论思想的不彻底性。"（《石峻文存·范缜评传》）

第三，范缜的生理结构决定论为自己的学说带来了荒诞的成分。

范缜的形神相即、形质神用理论，客观上强调了形体对精神的决定性。当需要从理性上分析凡圣之别的根源时，范缜不得不抬出凡圣不同体、凡圣不同器的观点，来回应佛教信仰者提出的"凡圣同形而异神"的问题。既然凡人和圣人的区别取决于形体，自然必须承认凡人长得像凡人，圣人长得像圣人。即便范缜从凡圣形体之别转入到凡圣心器之别，也就是内部器官不一样，以此来解释"圣人之神"与"凡人之神"的差异性，但这种并无充分根据的生理结构决定论，依旧染上了荒诞不经的色彩。

第四，范缜的偶然论本质上是一种命定论。

范缜不信佛教的因果报应论，对于萧子良提出的有人富贵、有人贫贱的命运之别，范缜以花开同枝、所落地点有锦垫与粪坑的不同为喻，说明命运差别来自偶然因素，而非前世因果。尽管范缜以此战胜了萧子良，但范缜的命运偶然论，仍是一种命运前定论思想。正如花落在何处决定了其坠地环境的好坏之别，人命运的富贵贫贱，也在出生于谁家时得以决定。

石峻先生指出："照范缜的理论，其结果，同样一切只能听凭命运的安排，个人丝毫无能为力，更谈不上如何为理想而奋斗，按计划地来改造社会了，从而陷入一种历史唯心主义的悲观论。同时，范缜这种唯物主义自然观的偶然论，也完全不可能彻底从理论上驳倒佛教的因果报应论，因为它还不能科学地解释人类社会为什么会有那一切不合理的现象，尤其是贫富贵贱的悬殊。"（《石峻文存·范缜评传》）

范缜没有意识到人自我把握命运的可能，没有看到人的命运与后天的社会环境和个人努力有关。在范缜所处的门阀士族社会，个人命运和自己出身的家族身份息息相关，贵族子弟可以"平流进取，坐致公卿"，而寒门弟子，则难逃士庶有别的魔咒。范缜的落花之喻，客观上承认了士族门第天生富贵的现实。

此外，范缜并未意识到，佛教是一种宗教信仰，而信仰的存在合理性，往往更多地取决于信徒自身的态度。世界上有没有鬼神，正如世界上有没有上帝，无论从理性还是从实证的角度来探讨鬼神或上帝的存在与否，终究是一种非宗教的态度，宗教的鬼神或上帝，往往是一种信仰的存在。从根本上而言范缜对宗教的理解不到位。因为，正如对基督徒而言上帝存在是不言自明的，对于佛教徒来说，精神不灭也是不言自明，无须论证的。

后记

关于范缜的这本通俗小册子，终于由西南交通大学出版社付梓，刊入"儒家文化之当代解读系列丛书"，不禁感慨系之。此时，距书稿之完成，已然过去两载。其间的周折已成往事，感谢西南交通大学出版社，感谢陈斌、武雅丽等编辑老师的辛苦和敬业，也要感谢我的师弟杨名先生，一直为这一丛书的印行而奔波劳苦。

特别感谢我的导师向世陵先生，向师也是这一丛书的总主编。写作这本小册子，是得到向世陵师再一次指导的绝好机会。向师素来学问严谨，尽管这是一本大众读物，老师也一丝不苟，我数易其稿，意味着老师不厌其烦地看了好多遍。每次从邮箱中获得老师的指导意见，都会有惊喜和收获。记得有一次，向师还专门提醒，可以从师爷石公石峻先生的文章中汲取营养。

出于众所周知的历史原因，对于范缜的评价，激赏过度者有之。鉴于此，这本小书，对于范缜的经历与思想，尽量还原其本来面貌，同时，也以自己疏浅的学识，做了一定程度的重新思考。

感谢我的家人，为我做点学问给予了极大的支持。在忙乱之余有时间看书写作，意味着家人更多的付出。

由于本人学识浅薄，本书错漏在所难免，恳请读者批评指正。

李勇强于思无邪斋

2018年5月19日